JN273246

調理場1年生からの

ミザンプラス講座

——フランス料理の素材の下処理——

principes de mise en place

ドミニク・コルビ［著］

Dominique Corby

柴田書店

はじめに

ミザンプラス mise en place とは、素材の下処理のことです。

野菜を洗う、魚をおろす、肉をさばく…料理における「最初の仕事」。朝、素材がキッチンに到着したらまず行なうことであり、料理の道に入ったプロ1年生が最初に担当する仕事です。偉大な伝統料理も、今をときめくクリエイティヴ料理も、すべてミザンプラスから始まります。

ミザンプラスにもメソッドがあります。個々の素材の扱いには決まった方法があり、フランスの料理人は学校時代に徹底的にこれを叩き込まれています。皆が同じメソッドを身につけていれば、働く場所が変わっても作業に迷うことはないし、ことばの解釈がシェフによってバラバラということもありません。これがフランス料理の強みです。基本が共有されているからこそ、フランス料理は国を超えて発展し、新しいものを吸収しながら進化してきたのだと思います。

料理とは、小さな基本の積み重ねです。ひとつひとつを正しく行なうことで、おいしさが生まれます。仕事の意味を正しく知ることで、精度と効率が高まります。作業によっては、フランスのやり方と日本で定着している方法が異なるものもあります。それぞれのメリットを生かしましょう。「よき基本」をマスターすることは、フランス料理を理解すること。常識を知ることから創造は生まれます。ミザンプラスはその第一歩です。

ドミニク・コルビ

もくじ

野菜

魚介

肉

その他とフォン

道具の使い方

●この本で解説するのは、レストラン料理に必要とされる、基本のミザンプラス作業です。
●フランスで行なわれている方法を基準にしていますが、日本で一般的なやり方に拠っている部分もあります。両者の比較も参考にしてください。
●解説は、右利きを例に説明しています。

イラスト …… 川口澄子
撮影 …… 大山裕平
デザイン …… 中島寛子
編集 …… 木村真季

野菜

légumes

野菜を切る、きざむ

ciselage des légumes　シズラージュ・デ・レギューム

- 各野菜の性質に応じて、調理前のどの時点で、どこまでの下処理をしておくかを判断する。
- 切った後、水に浸ける、アク止めするなどの作業が必要なものがある。

基本の道具

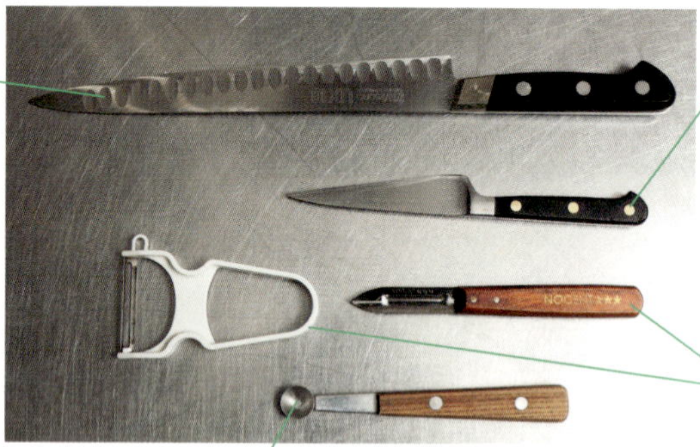

●野菜包丁●
éminceur　エマンスール
●野菜の皮をむく、まな板を使って切る、きざむなど。

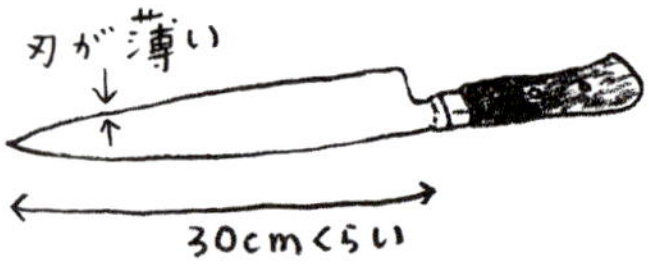

●マンドリーヌ●
mandoline　マンドリーヌ
●野菜の薄切りカッター。刃を付け替えて、厚さや形を調整する。

●ペティナイフ●
couteau d'office
プティ・クトー
●刃渡りが短い小型の包丁。
●皮をむく、面取りするなど細かい作業に。

●エコノム●
couteau économe
クトー・エコノム
●野菜や果物の皮を薄くむく。
●尖った先端でりんごの芯を抜くなどの作業も。

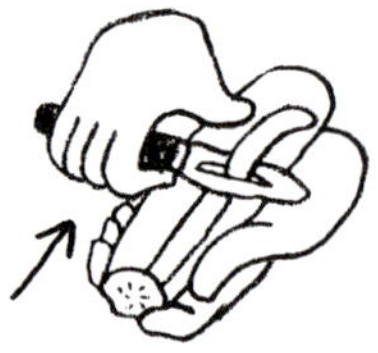

●くりぬき器●
cuiller à lever
キュイエール・ア・ルヴェ
●野菜や果物を、小さな丸にくりぬく。
●ボール状にしたい場合、くぼみをつくりたい場合に。

CHECK　まず大事なこと

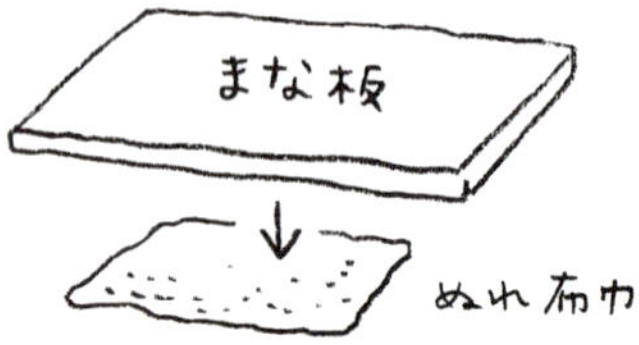

ぬれ布巾の敷き忘れに注意する。

包丁を置く際は、刃の向きを自分より遠く。

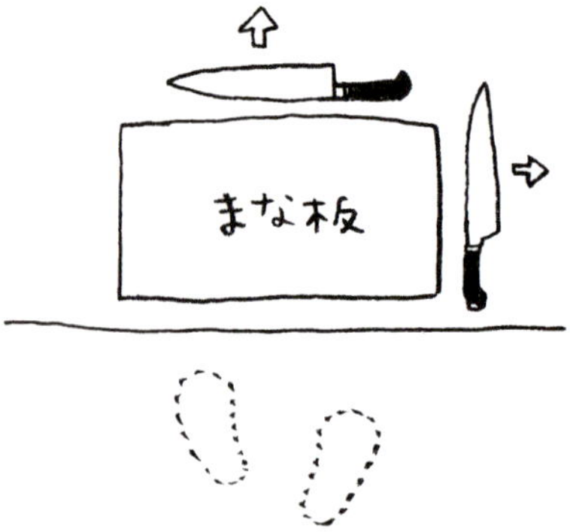

利き手側の足を少し引いて、調理台の前に立つ。

包丁の柄が調理台から出ないように。

❖「切る」に関する基本のことば

●日本のキッチンでもよく使われている調理用語。特定の野菜に対して特定のフォーメーションによる切り方を指すこともある。

エプリュシェ
éplucher

●野菜や果物の皮をむく。
●茎やスジや芯など不要なものを除く。
●さやいんげんのスジ取りはエフィレ éffiler、豆の皮をむくことはエコッセ écosser という。

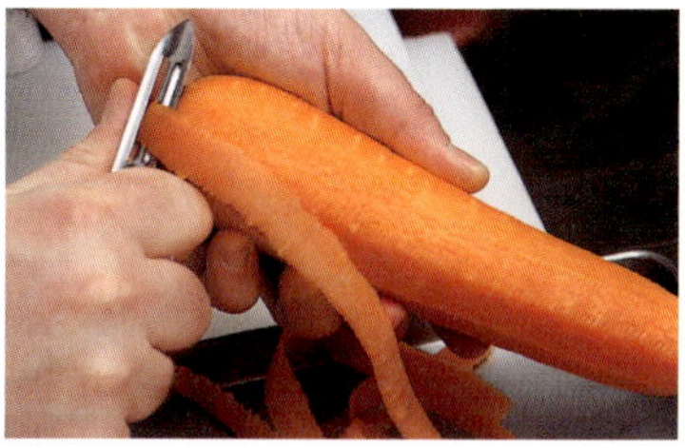

エマンセ
émincer

●一片ずつ、均一な薄さに切る。スライスする。
●野菜包丁、ペティナイフ、マンドリーヌなどを使う。

コンカッセ
concasser

●粗くきざむ。
●「ハーブのコンカッセ」→ハーブの葉を包丁で叩いてきざんだもの。
●「トマトのコンカッセ」→皮と種を除いたトマトの粗いさいの目切り(p21)。

シズレ
ciseler

●「きざみ目を入れる」という意味。
●エシャロットやハーブなどを一定の方向・順にきざんで細かくすること。

アッシェ
hacher

●みじんにきざむ。細かくきざむ。

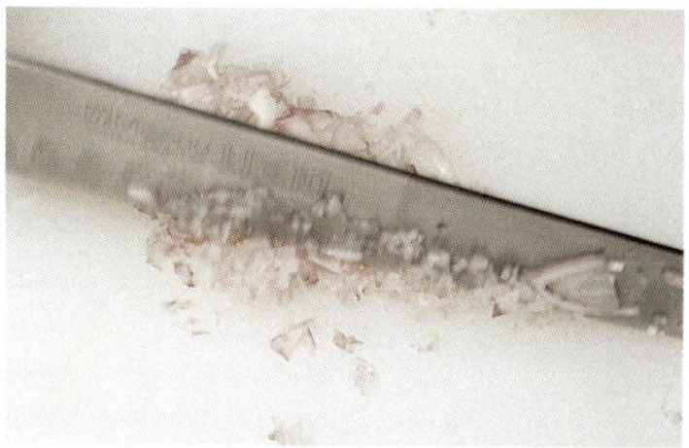

ラペ
raper

●(おろし金で)すりおろす。粗い粉末にする。
●すり鉢ですることは、ピレ piler という。
●「にんじんのラペ」(メニュー名)→ニンジンのジュリエンヌのサラダのこと。

エモンデ
émonder

●「トマトの皮を湯むきする」。
●穀物や果物から種皮など不用な部分を除く、という意味。くるみの殻を取る、ぶどうの種を取る、なども。

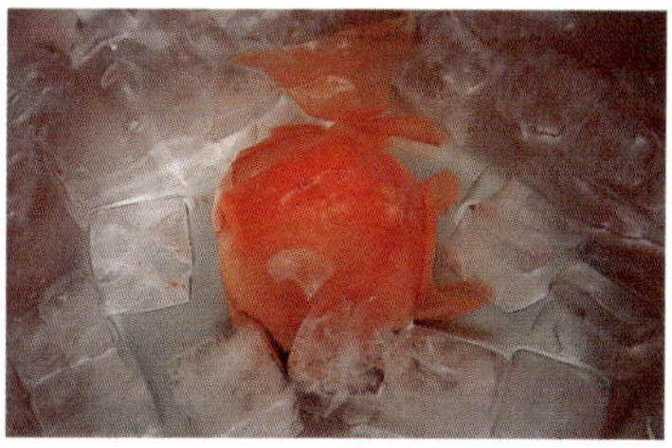

違いを知ってる？ 玉ねぎのシズレとアッシェ

玉ねぎのシズレ

●半分に切った玉ねぎに、3 方向からきざみ目を入れて極小の角切りにすること。

↓

●１片１片の形が揃う。
●繊維の断裂を最小限にするので、水分が逃げにくい。
●シャリシャリした歯ごたえが出る。焦げにくくなる。

①切り口を下に置き、繊維に沿って等間隔にきざみ目を入れる。（きざみ目は右から左に）

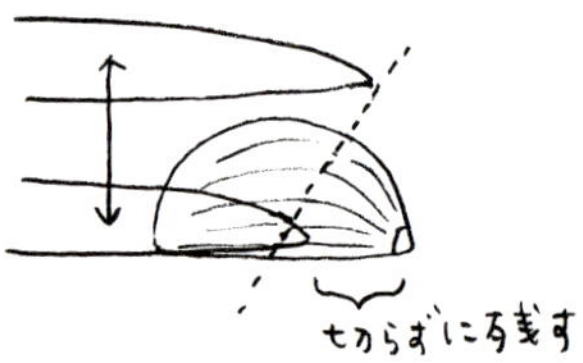

② 90 度向きを変え、切り口をヨコに。ねかせた包丁で水平にきざみ目を入れる。（きざみ目は下から上に）

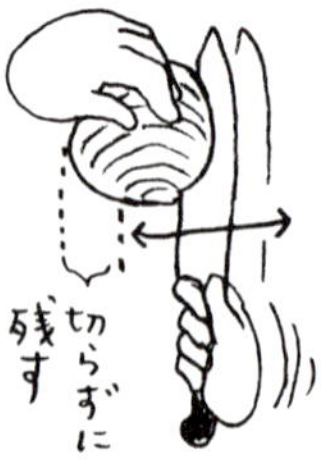

③垂直に刃を下ろし、端からみじん切りする。

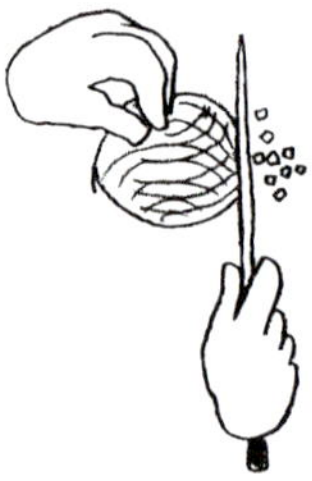

玉ねぎのアッシェ

●いったんシズレした玉ねぎを、さらに細かくみじんに切る。

↓

●繊維がつぶれるので、１片１片から水分が出やすくなる。
●加熱したとき早く水分が飛び、色づきが早くなる。

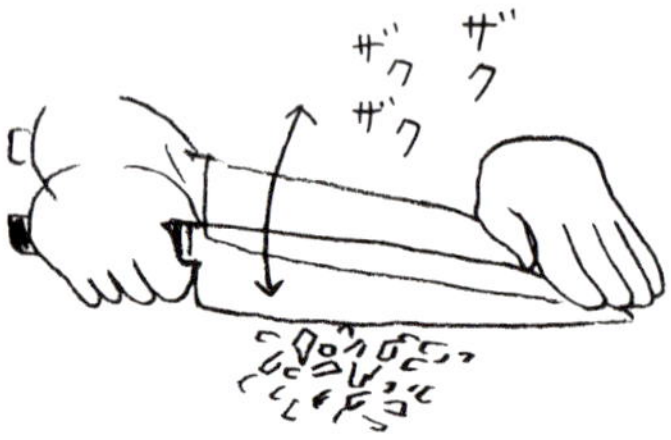

①玉ねぎのシズレをまな板に広げ、包丁の刃で細かく叩く。

違いを知ってる？ ミントのシズレとミントのアッシェ

ミントのシズレ

●ミントの葉を何枚か重ねて巻き、端から細切りする。
●１片１片は極細切りに。

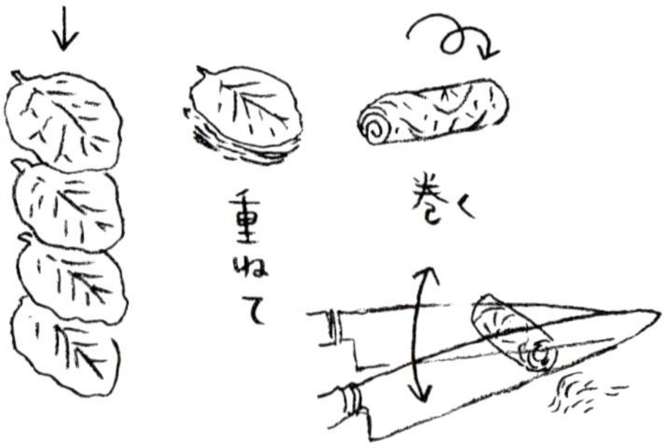

ミントのアッシェ

●シズレしたものを、包丁の刃で叩く。
●１片１片はみじん切りに。

野菜の切り方
taillage des légumes　タイヤージュ・デ・レギューム

❖ 定形の切り方

ミルポワ
mirepoix

●「香味野菜」の意味。転じてフォンをとる際の香味野菜の標準的な切り方。

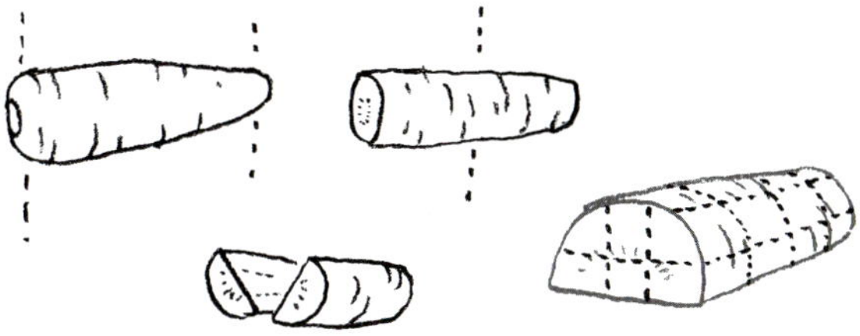

ジュリエンヌ
julienne

●せん切り。

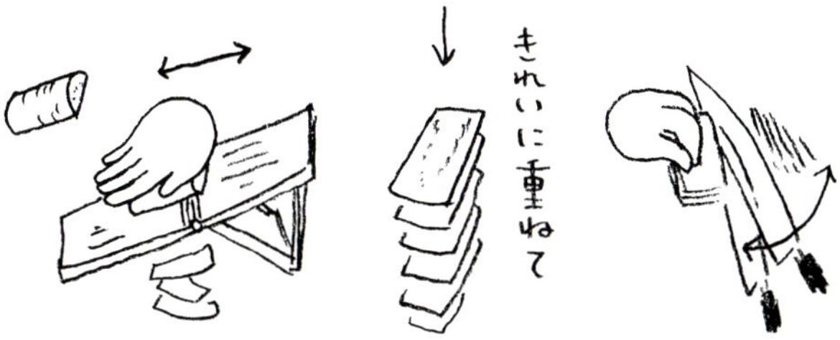

ブリュノワーズ
brunoise

●1辺約3mmの小さなさいの目切り。

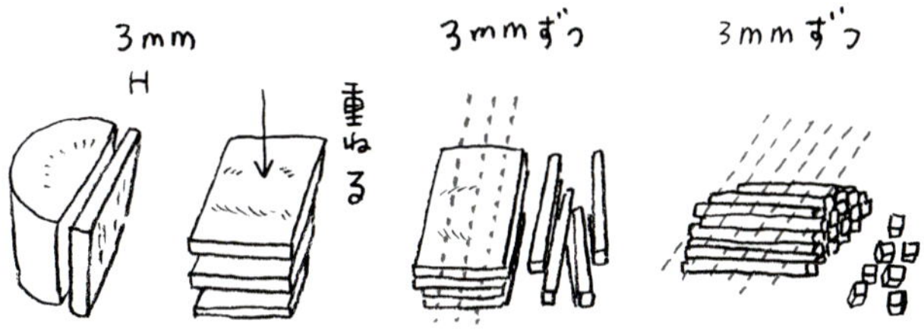

シャトー
château

●面取りして小樽形に切り整えたもの。
●本来は「じゃがいものシャトー」という料理用の切り方。

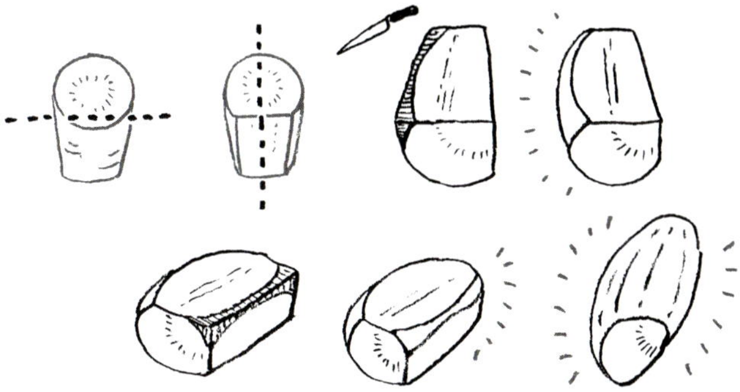

❖ 一般的な概念

デ
dés

●サイコロの意味。さいの目切りのこと。
●1辺の長さに決まりはない。

バトネ
bâtonnets

●バトン切り、棒切りのこと。
●長さや太さに決まりはない。

エシャロット

échalote

エシャロット

● フランス料理の風味のベースとして欠かせない香味野菜のひとつ。

● 見た目は小ぶりの玉ねぎ風だが、旨みも香りもより繊細。刺激は少なく、生のままでも使える。

● 鱗片の1枚1枚が薄く、細かくきざんだときのシャリシャリした歯ざわりが特徴。

● 火を通すとすっきりとした旨みが引き出され、ベアルネーズなどのソースのベースとなる。生のアッシェをソース・ヴィネグレットに加えると、爽やかな旨みと歯ざわりがアクセントになる。

エシャロットのエマンセ

échalote émincée　エシャロット・エマンセ

● エシャロットの皮をむき、繊維に沿ってごく薄くスライスする。

1 根元を切り落とし、反対側の先端部分をペティナイフで平らに切る。切り取りながら、皮をはがす。

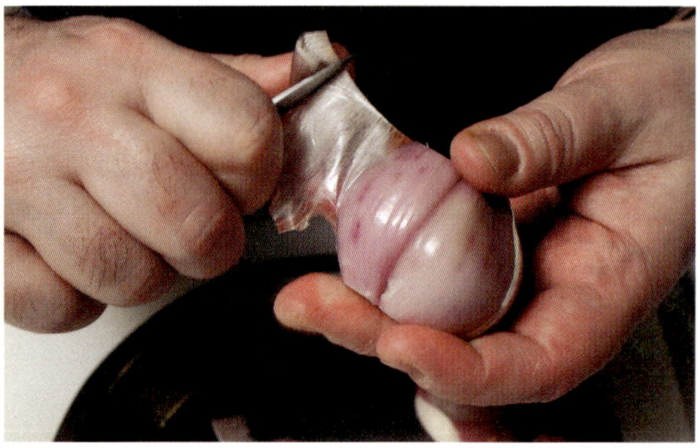

2 皮をむいたら小さな球ごとに分ける。

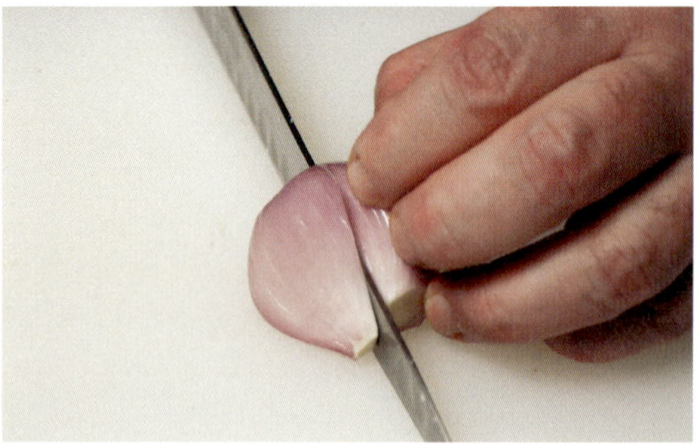

3 1片をタテに切り分ける。

4 切断面を下にして置き、繊維の流れに沿って端から薄切りする。

● すべて均等の薄さであること。

❖ エシャロットのシズレ
échalote ciselée　エシャロット・シズレ

●繊維の流れと平行に、2方向から包丁で薄くきざみ目を入れ（完全に切り離さない）、最後に繊維に垂直に薄切り（みじん切り）する。
●繊維をつぶさない切り方なので、水分が抜けにくい。シャリシャリした歯ごたえも引き立つ。

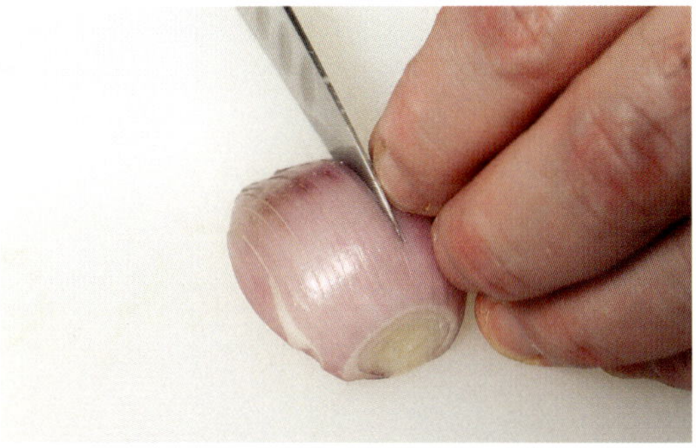

1　タテ半分に切ったエシャロットを、根元を向こう側にして置く。根元をつけたまま端から等間隔に、刃先で細かくきざみ目を入れる。

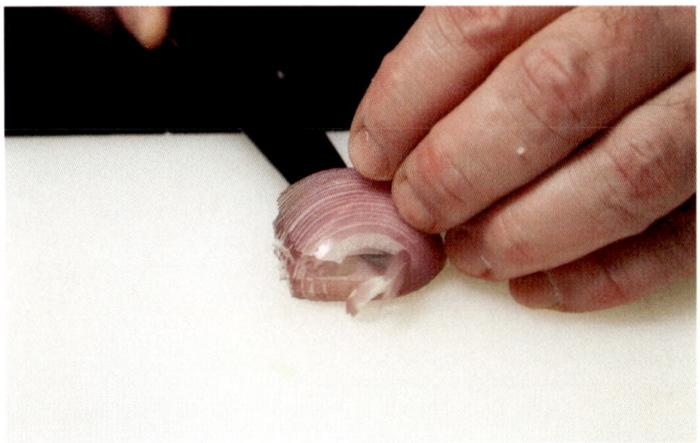

2　90度向きを変え、切り口をヨコに。包丁をねかせて、切り口から水平にきざみ目を入れる。
●きざみ目は下から上に。
●根元は完全に切り落とさないこと。

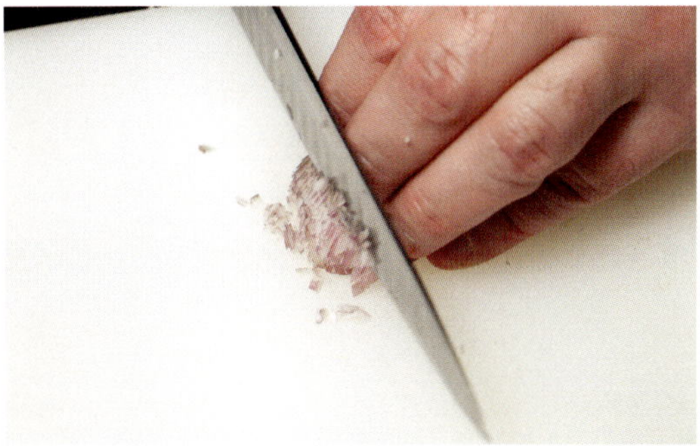

3　同じ向きのまま包丁を垂直におろして、端から細かく切る。芯の部分はミルポワなどに使う。

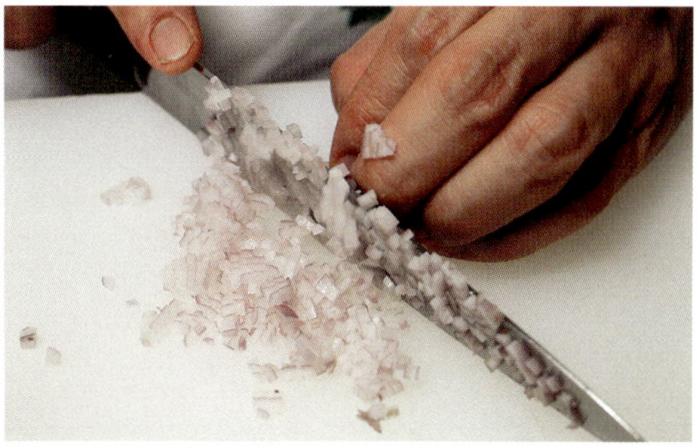

4　均等に細かく切れた、「エシャロット・シズレ」。シャリッとした歯ざわりを生かしたい場合に。

❖ エシャロットのアッシェ
échalote hachée　エシャロット・アッシェ

●シズレまたはエマンセした後、包丁で叩くようにして「みじん」に切る。
●繊維をつぶしながら切るので、水分とともに風味成分が外に出やすい。ソースやファルスに効果的に旨みを移したいとき、歯ざわれを出したくないときに向く。

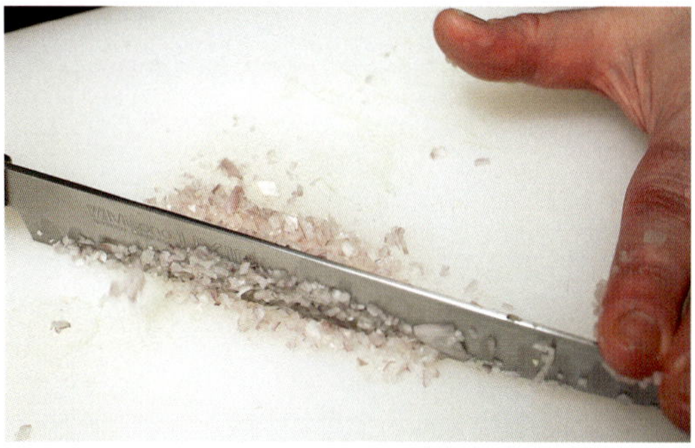

エシャロットのシズレ（またはエマンセ）をまな板に広げる。包丁の峰に片手を添え、刃を細かく上下させてみじん切りする。芯まできざんでよい。

CHECK

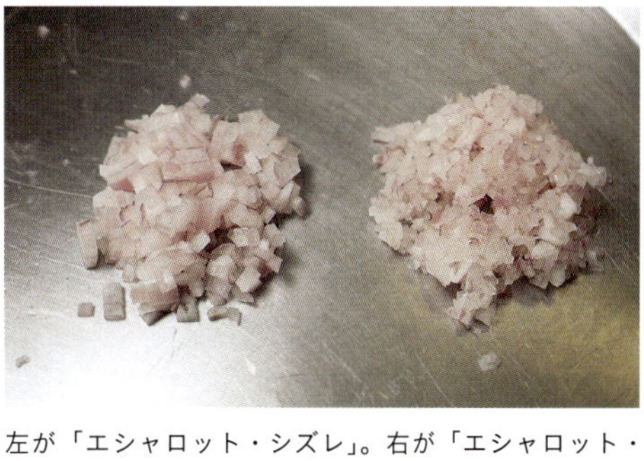

左が「エシャロット・シズレ」。右が「エシャロット・アッシェ」。日本語では同じ「みじん切り」でも、1片1片の大きさ、繊維の立ち方が異なる。

ニンニク

aïl アイユ

●球根（鱗茎）の表面をおおう皮をむくと、数個～10数個のかけら（＝鱗片、グース・ダイユ gousse d'aïl）があらわれる。それぞれの片も薄皮でおおわれている。
●料理では、調理しながらオイルや主素材に香りを移していく使い方が基本。ニンニクから香りと刺激をどの程度引き出したいかによって、皮をつけたまま、皮をむく、皮をむいてきざむ、などの下処理をする。
●皮をむいて使う場合は、芯を取り除く。苦みがあり、また調理したときに先に焦げやすいため。
●品種によって、匂いや刺激の強さ、鱗片の数に違いがある。

ニンニクを株ごと使う

●ゆっくりと時間をかけて肉類のフォンなどを煮出す際は、ニンニクを大きな塊のまま加える。
●煮くずれないよう、皮をむかずにそのまま横半分に切り分ける。

●ニンニクの株（フランス語で「ニンニクの頭 tête d'aïl」）を、表皮ごと横半分に切る。

皮付きニンニク

aïl chemisé　アイユ・シュミゼ

●ニンニク1片を薄皮をつけたまま使うスタイル。
●株全体の表皮をむき、各かけらをばらした状態。薄皮はむかない。
●強い刺激を感じさせずにオイルに香りをほんのり移したい場合、あるいは、オーブンでしっかり焼いて（主素材に香りを移しつつ）ニンニク自身をほっくりと仕上げたい場合などに。

つぶしニンニク

aïl écrasé　アイユ・エクラゼ

●皮付きニンニクを押しつぶしたもの。
●かけらを軽くこわすことで、ニンニクの風味をより強めに引き出すことができる。
●ニンニクのアッシェの最初のプロセスとする場合は、しっかりとつぶす。皮をむき、芯も取り除いておく。

●皮付きニンニクに包丁の腹をのせ、上から叩く、あるいは体重をかけて軽くつぶす。
●亀裂が入って、軽くつぶれればよい。

❖ 皮むきニンニク
aïl pelé　アイユ・プレ

● 皮をむいて使う場合は、かならず芯（芽）を取り除く。芯があると調理したとき苦みやえぐみが出るため。
● そのままでは刺激が強すぎる場合は、2 〜 3 回水からブランシールしてからさらに牛乳で煮る。ピュレにする場合はこれをミキサーにかける。

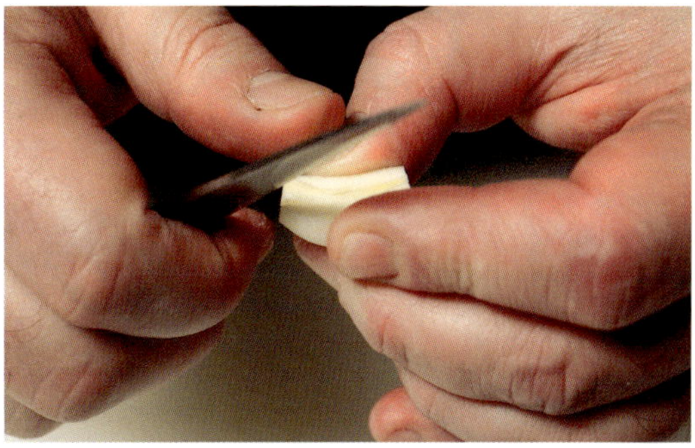

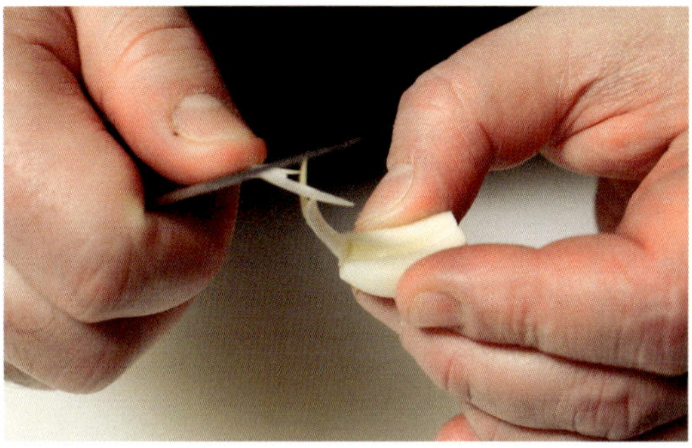

芯の取り方

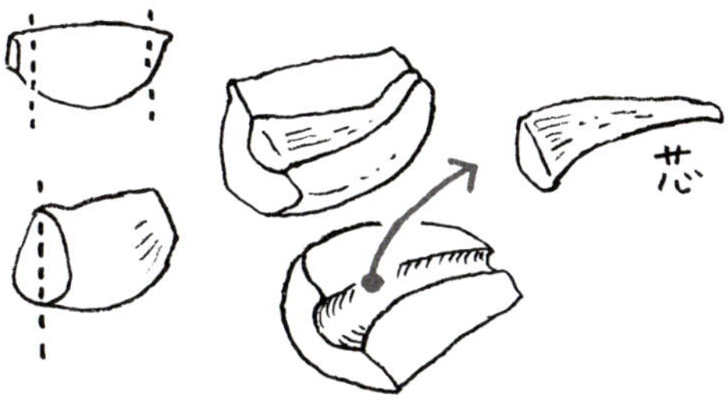

● 薄皮をむき、タテ半分に切り分ける。中心に芯があるので、ペティナイフの刃先でひっかけてはずす。

❖ ニンニクのエマンセ
aïl émincé　アイユ・エマンセ

● 皮むきニンニクを薄切りする。芯の部分をよけながら切る。

芯をよけてエマンセする方法

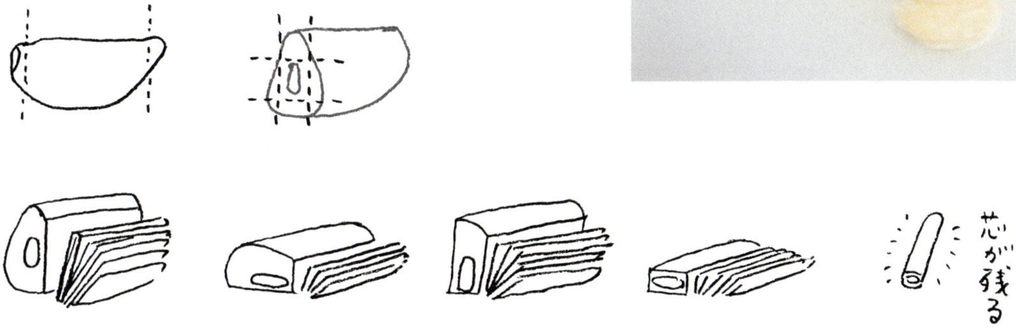

● 皮むきニンニクのてっぺんと根を切り落とす。4 面から順に、芯と平行に包丁を入れて薄切りする。

ニンニクのアッシェ

aïl haché　アイユ・アッシェ

●みじん切り。
●ニンニクのエマンセ、またはつぶしニンニク（芯は取り除く）を、なるべく細かくきざむ。

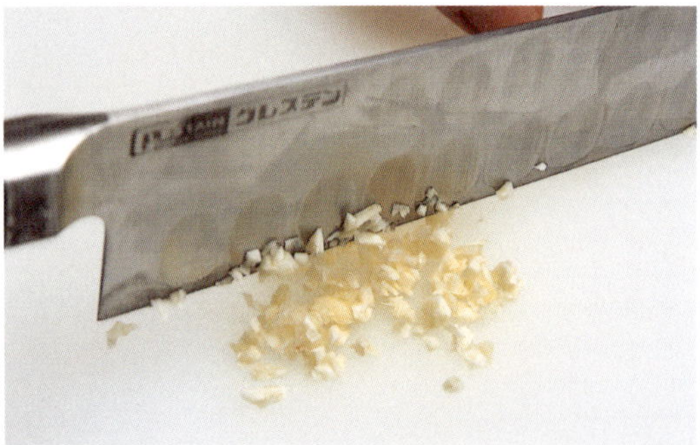

●エマンセ、またはつぶしたニンニクをみじんに切る。包丁の峰に片手を添えて、刃を細かく上下させ、できるだけ細かくきざむ。

ピケ用のニンニク

●ピケ piquer は「刺す」の意味。
●肉や魚に刺すために、皮をむいたニンニクを小さなバトン状に切る。
●ニンニクをピケして焼くことで、素材の内部に自然な香ばしさをつけることができる。

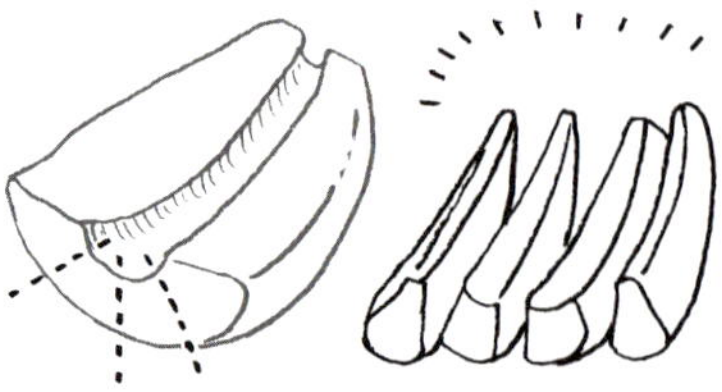

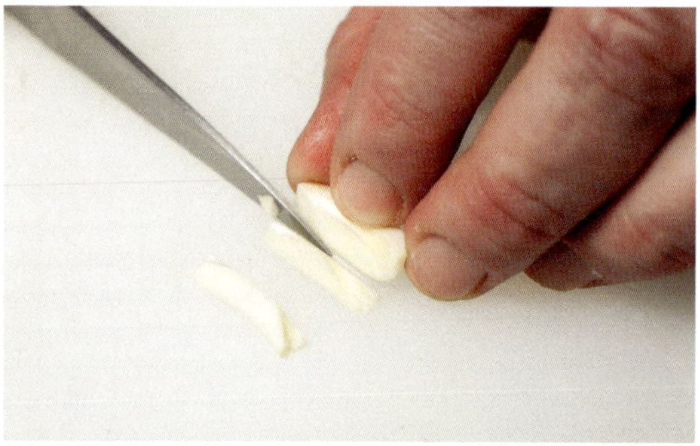

1　皮をむき、半分に切って芯を除いたニンニクを、タテに4等分する。

2　刺しやすい形に。

3　使い方の例。魚の表面にペティナイフで小さな切り込みを入れ、ニンニクを刺す。
●加熱調理の後、ニンニクは取り除く。

ハーブ

herbes エルブ

●料理やソースの仕上げの香りづけに使う。料理によって、必ずこのハーブを使うという場合と、そのときどきのハーブをミックスして使う場合がある。写真は日本で1年中入手しやすいセルフイユ、イタリアンパセリ、ディル。

●パセリは、日本ではちぢみパセリがポピュラーだが、フランス料理では葉の平らなイタリアンパセリ（persil plat ペルシ・プラ）をよく使う。

ハーブのそうじと保管

●氷水に浸けてシャキッとさせてから、引き上げてよく水気をぬぐう。容器に入れ、湿らせたキッチンシートをかけて使用時まで冷蔵庫で保管する。

フィーヌ・ゼルブ

fines herbes フィーヌ・ゼルブ

●細かくきざんだミックスハーブ。

●イタリアンパセリ、シブレット、セルフイユ、エストラゴンなどを細かくきざんで合わせたもの。

1 セルフイユの茎から葉を取る。

2 葉を1つまみ分つかんで、ぎゅっとまとめ、指先でおさえながらまな板にのせる。

3 端から包丁で細切りにする。

●複数のハーブをまとめてきざむことも多い。

玉ねぎ
oignon
オニョン

●旬や種類は多様。年中流通する保存用（ヒネ）の玉ねぎと、春夏が旬で水分の多い新玉ねぎに大別できる。
●保存用玉ねぎは、フランス料理の風味のベースとして欠かせないミルポワ（香味野菜）のひとつ。
●新玉ねぎ、若採りの葉付き玉ねぎ、小玉ねぎはガルニテュールやサラダなどに使われる。

玉ねぎをミルポワに切る

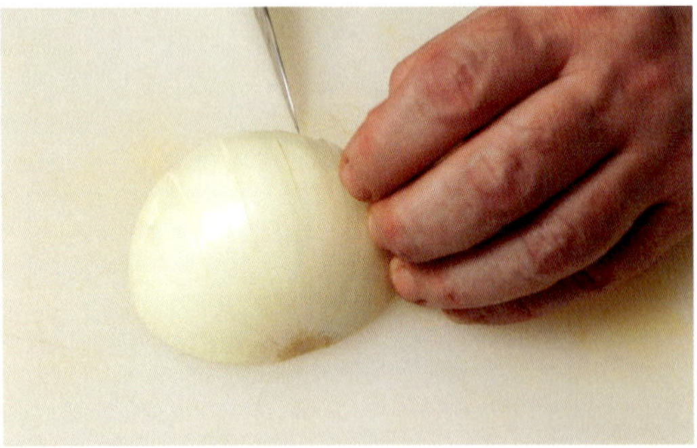

1 タテ半分に切った玉ねぎを、根元を向こう側して置く。端から約 1 cm 間隔に深く切り込みを入れる。
●根元ぎりぎりまで切り、根元は切り離さない。

2 90 度向きを変え、切り口をヨコに。ねかせた包丁を水平にスライドさせて切り込みを入れる。下から約 1 cm 幅で 3〜4 回切り込む。
●根元は最後まで切り離さない。

3 同じ向きのまま、包丁を垂直におろして約 1 cm 幅に切る。
●切り離されていない部分は、約 1 cm 幅にざくざく切る。

玉ねぎのエマンセ

皮をむき、タテ半分に切る。芯を切り落とす。繊維の流れと平行に、端から薄切りする。

玉ねぎのシズレ

1 タテ半分に切った玉ねぎを、根元を向こう側にして置く。端から薄く等間隔にきざみ目を入れる。
●根元は切り離さない。

2 90度向きを変え、切り口をヨコに。ねかせた包丁を水平にスライドさせて、薄く等間隔にきざみ目を入れる。
- ●きざみ目は下から上に向かって何度も入れる。
- ●根元は切り離さない。

3 同じ向きのまま、包丁を垂直におろして薄切りする。
- ●切り離されていない部分は、タテ・ヨコに薄切りする。

❖ 玉ねぎのアッシェ

1 玉ねぎのシズレをまな板に広げる。包丁の刃で細かく叩いてみじんにする。

❖ クローヴを刺す

●フォンや長時間の肉の煮込みに玉ねぎを丸ごと加える際、ほしい風味の強さに応じた個数のクローヴを刺す。

セロリ
celeri
セルリ

●にんじん、玉ねぎと並ぶ、基本のミルポワ（香味野菜）のひとつ。
●葉はフォンやブイヨン用のアロマート（ハーブなどの香味材料）として使う。

❖ セロリをミルポワに切る

1 葉を落とし、適当な長さにカットしたセロリの茎を、タテに適宜切り分ける。
- ●太さによって2～4等分を目安に。

2 1～2cm間隔で切り分ける。

●上方の緑の濃い部分はスジが太く、香りが強い。料理には使いづらいが、フォンをとるミルポワ用に向く。

セロリのそうじ

●表面にあるスジを切り取る。

1 根元に近い白い部分を使う。表面のスジをペティナイフまたはエコノムで削り取る。

2 根元はスジが太いので、カットする。

セロリのエマンセ

そうじしたセロリを小口から薄切りする。

セロリのジュリエンヌ

1 そうじしたセロリを6～7cm間隔で切り分ける。内側にスジが残っていたら、包丁で切り取る。

2 マンドリーヌを使って、極薄にエマンセ（薄切り）する。

3 エマンセを数枚重ね、長辺を細切りする。

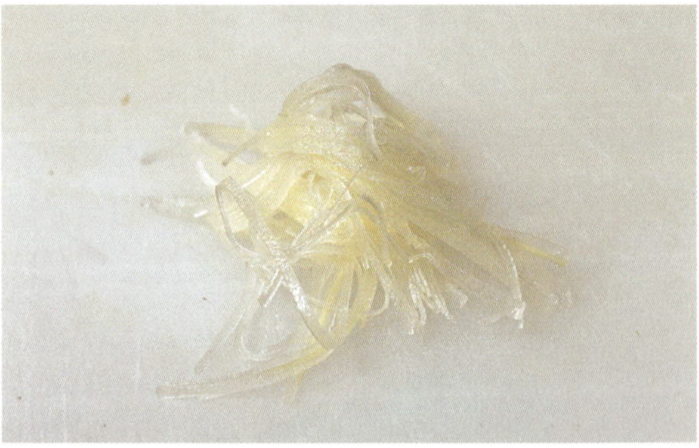

●冷水に浸けてシャキッとさせてから使う。素揚げする場合も同様。

ポワロー

poireau ポワロー

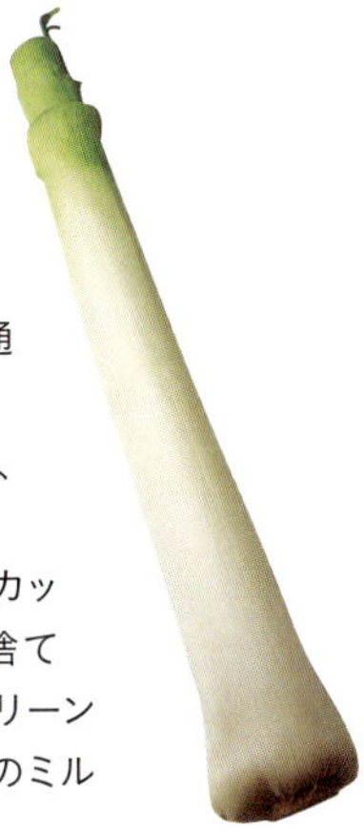

●ポロねぎ、またはリーキの名で流通する。
●白い部分はスジが繊細でやわらかく、甘みが強い。
●日本では、先端の緑の葉が大部分カットされた状態で流通しているので、捨てる部分はほとんどない。首から上のグリーンがかった部分は、フォンやブイヨン用のミルポワとして使う。

ポワローをミルポワに切る

1 乾いていたり汚れていたら、外側の1枚をはがして捨てる。●この後、蛇口の下で緑の葉の部分を水洗いする。葉と葉の間に泥がついているかもしれないので。

2 適当な長さに切り分け、タテに4等分する。

3 1～2cm間隔で小口に切る。

4 水をはったボウルに放つ。使う際に、ザルにとって水をきる。

ポワローのジュリエンヌ

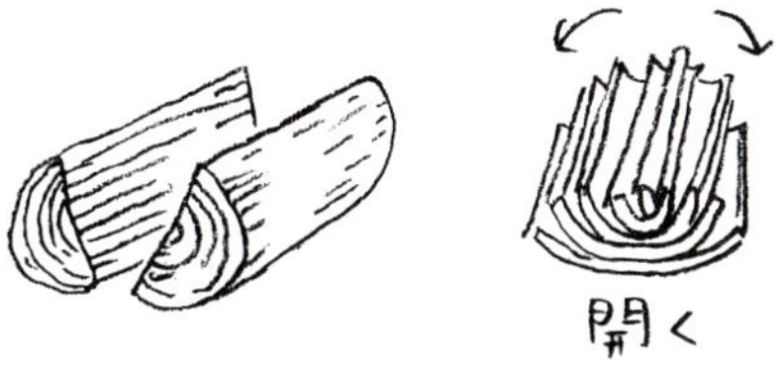

1 白い部分を使う。7～8cmの長さに切り分け、それぞれを縦半分にカットする。

2 ばらした1枚1枚を広げて重ね、端から極細に切る。

●使う前に冷水に浸けてシャキッとさせる。素揚げする場合は一度ブランシールする。

トマト

tomate トマト

●サラダ素材としてはもちろん、ソースのベースとして、また、他の素材の風味を引き出す重要なアロマート（香味素材）として幅広く使われる。
●品種によって糖度や旨み、水分量が異なるので、用途に合ったものを選ぶ。
●下処理の基本は、皮をむき、種（とその周りのゼリー状の部分）を取り除くこと。

❖ トマトのエモンデ

●エモンデ émonder は、皮をむくこと。トマトの場合は、熱湯につけてむく。
●用意するもの……鍋、氷水を張ったボウル、すくい網

1 ヘタをペティナイフで切り取る。反対側のお尻に刃先で十字の切り目を入れる。

2 沸騰した湯に浸け、すぐに引き上げる。

3 氷水に落とす。自然に皮がむけてくるので、すぐに引き上げて指で皮を完全にむく。この後水分をふきとる。

❖ トマトのデ

●エモンデしたトマトをさいの目（デ dés）に切り揃えたもの。種（とその周りのゼリー状部分）は使わない。
●トマト・コンカッセ（後述）よりも精密な切り方。料理やソースの仕上げに加えるなど、1片1片の形を生かしたい場合に。

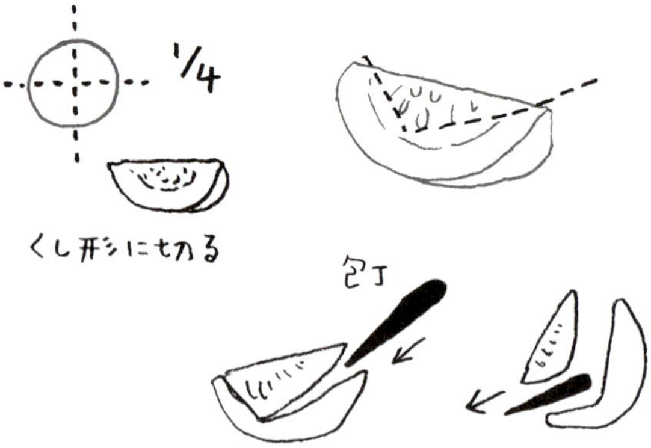

1 エモンデしたトマトを1/4のくし形に切り、種の部分を（ゼリーごと）切り取る。

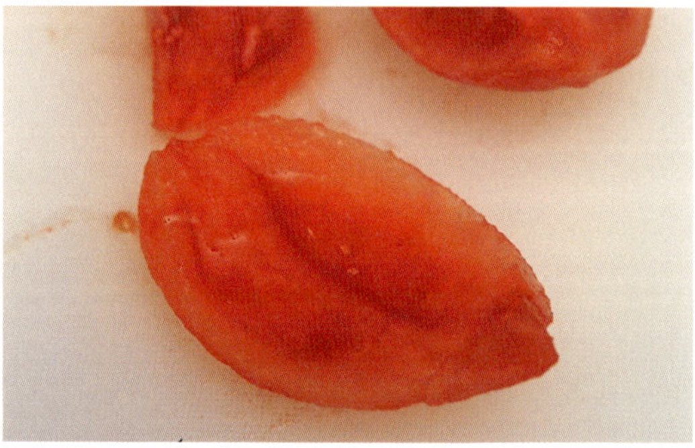

2 種を切り取った状態。種はフォンや澄まし材料などに使えるので、取り置く。

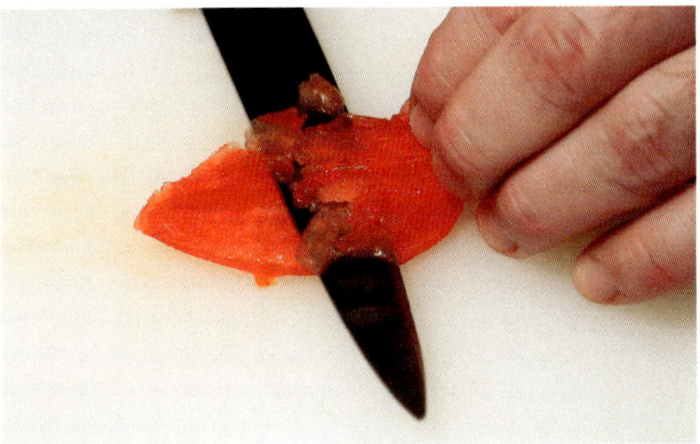

3 包丁の刃をねかせて、果肉が平らになるよう、フシの部分を切り取る。

4 果肉をタテ、ヨコ、均等に細切りする。

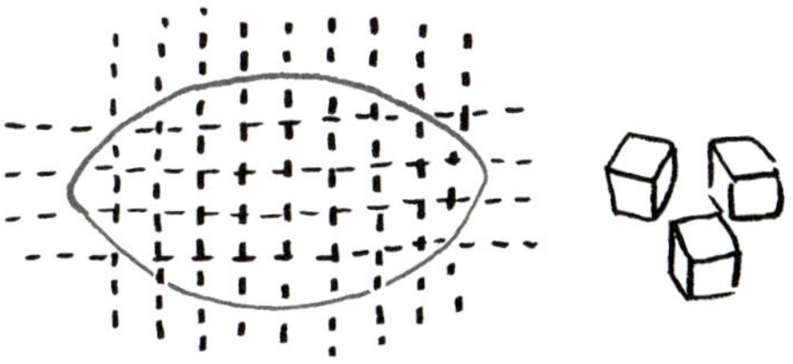

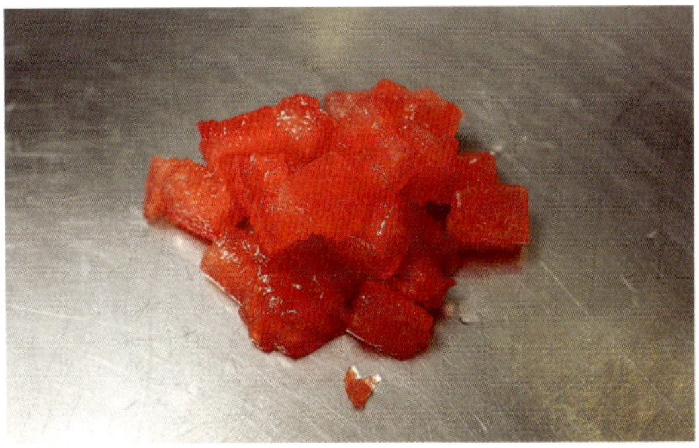

●「デ」はダイス（さいころ）の意味。切り口の角がくずれず、立っていることが大切。
●非常に小さく切り分けたものはプティ・デ petit dés と呼ぶ。

❖ トマトのコンカッセ

tomate concassée　トマト・コンカッセ

●エモンデしたトマトを細かくきざんだもの。正確な角切りにする必要はない。粗みじん。
●ソースやガルニテュールなど広い場面で使われる。
●プロセス **1~3** まではトマトの「デ」と同じ。

4 果肉をタテに細切りした後、包丁で細かく叩いて、みじん切りにする。

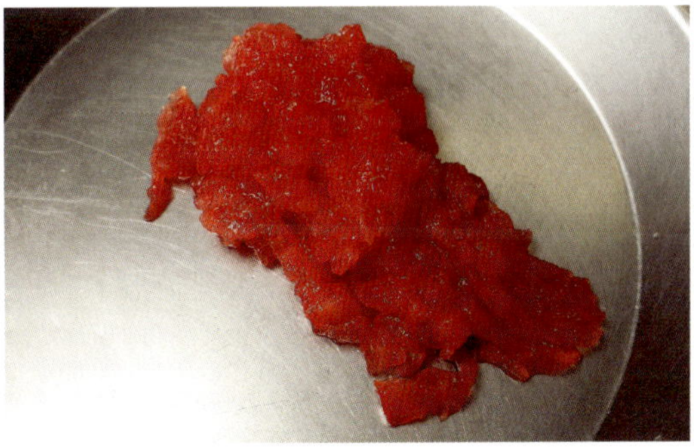

●「トマト・コンカッセ」といえばこの状態。「コンカッセ・ド・トマト concassée de tomate」というと、これを煮詰めたソースを指す。

野菜

❖ トマトのピュレ
purée de tomate　ピュレ・ドゥ・トマト

●トマトをミキサーにかけてつぶしたもの。
●ガスパチョやトマト・ウォーターのベースにしたり、軽く煮詰めてクーリ（coulis 果実のピュレソース、フレッシュ感を生かしたもの）にするなどの使い方がある。
●用意するもの……ミキサー

1　エモンデしたトマトをミキサーにかける。1～2秒ずつ何回かに分けて、様子を見ながら粉砕し、すっかり液化したら止める。

2　液化した状態。
●完全になめらかにしたい場合は、これをシノワで漉す。

❖ トマト・ウォーター
eau de tomate　オー・ドゥ・トマト

●トマトの果汁から色素を抜いた透明な液体のこと。トマトのピュレをゆっくり時間をかけて漉す。
●トマトリキッド（liquide de tomate）、ジュ・ド・トマト（jus de tomate）などとも呼ばれている。
●ゼラチンを加えてジュレにするなどして使う。
●用意するもの……漉し網、キッチンペーパー、ボウル

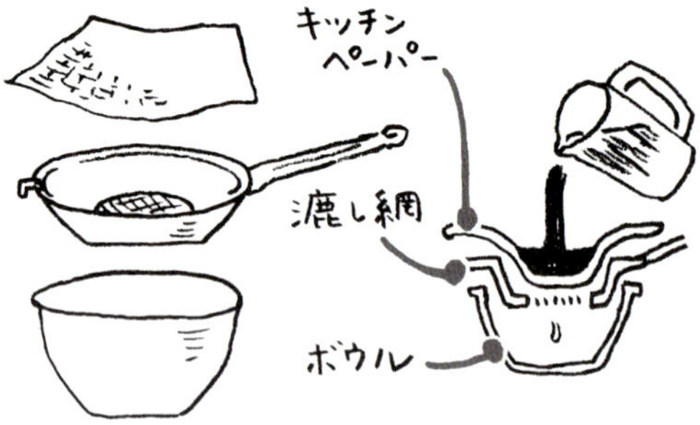

1　ボウルに漉し網をのせ、キッチンペーパー（またはガーゼ）をのせる。トマトのピュレをペーパーの上に静かに注ぐ。

2　ピュレから自然に水分が落ちるのを待つ。数時間～半日かかる。揺らしたり、ピュレを圧したりしないこと。
●味をつけたい場合、この段階で塩とコショウをふることがある。塩を加えることで水分が分離しやすくなる。

3　ボウルに落ちたトマト・ウォーター。色は透明に近いが、トマトの酸味と香りがすっきりと生きている。

柑橘類

agrumes アグリュム

レモンの皮のジュリエンヌ

●オレンジやレモンなど柑橘類の外表皮（色のついた部分）のことをゼスト zeste という。裏側の白いワタを含めた皮全体はエコルス écorce という。
●ゼストは香りが豊かなので、これだけを削りおろしたり、細切りにして、香りづけに使う。
●外皮を直接使うのでワックスがけしていないものを選ぶ。無農薬のものが望ましい。
●オレンジ、ライムなども扱い方は同じ。

1 表皮をエコノムで薄く、なるべく幅広くむく。

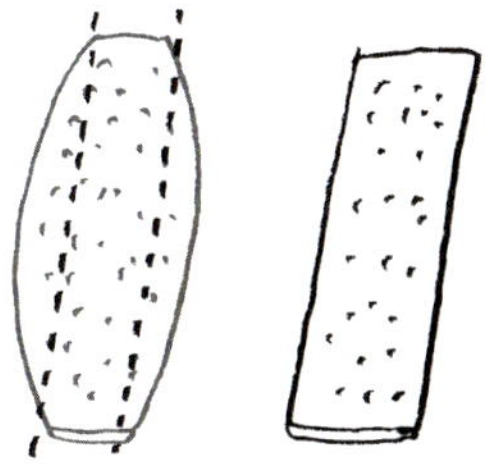

2 切り取った１枚１枚をきれいな長方形に切りそろえてから、極細に切る。

レモンの皮のラペ

●表皮をおろし金ですりおろしたもの。オレンジ、ライムなども同様。
●香りが勝負なので、つくりおきはしない。すりおろしたらすぐに料理にふりかけ、提供する。
●用意するもの……おろし金

表皮をおろし金にあててすりおろす。おろし金の歯についた粉末は、束ねた竹串でかき落とすとよい。

マイクロプレーンを使うと、薄い糸状にすりおろせる。

オレンジのシュプレーム

●柑橘類の「シュプレーム suprême」（最高の部分という意味）とは、果肉の部分をきれいに取り出したもの。
●包丁で果皮と薄皮をいちどにむき、刃と腹を使って果肉を取り出す。

1 オレンジの上下を切り落とし、切り口から果肉ぎりぎりのところに包丁を入れ、薄皮ごと皮をそぎ落とす。適度な幅で１カットずつむき、ぐるりと全体をむく。

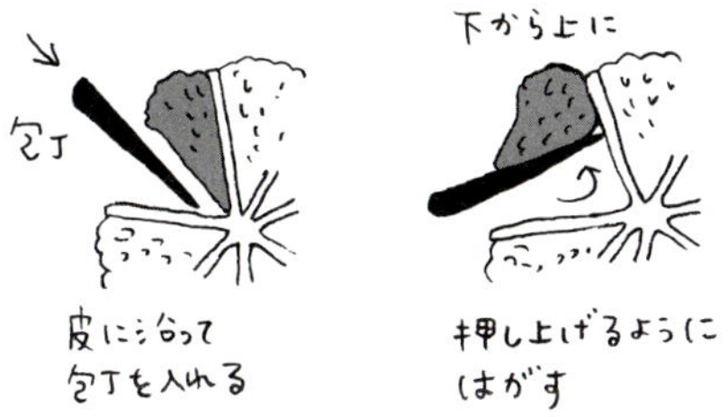

包丁
皮に沿って包丁を入れる
下から上に
押し上げるようにはがす

2 丸むきにして手に取り、房を区切る薄皮と果肉の間に包丁を入れて、果肉をひきはがす。

アーティチョーク

artichaut アルティショー

野菜

●チョウセンアザミのつぼみ。葉の付け根にある「花托《かたく》」と、その周りの軟らかい葉の根元が可食部分。
●写真左は、大型のブルターニュタイプ。家庭ではこれを丸ごとゆでて葉をばらし、根元についた可食部分を歯でしごいて食べる。高級レストランでは花托だけを切り出して調理するのが一般的。
●プロヴァンス地方産の紫がかった小型のアーティチョークは「ヴィオレ violet」と呼ばれる。葉も茎もやわらかめ。

アーティチョーク

アーティチョーク・ヴィオレ

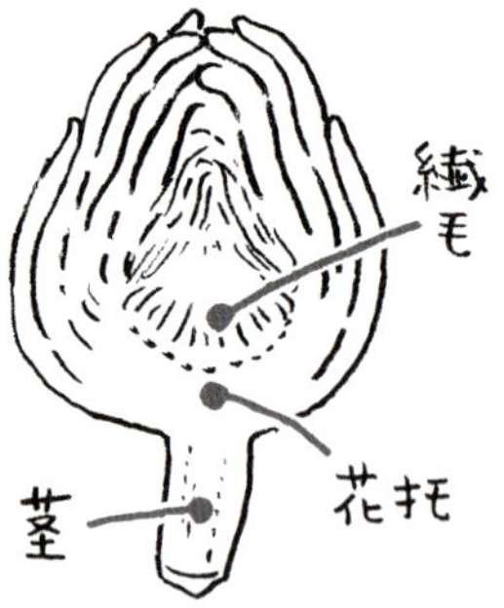

●下処理のポイント：
①可食部分を効率よく切り整える。
②切り口がすぐに黒ずむので、レモン汁や酢でアク止めする（酸化褐変を防ぐ）。
③花托の内部にある繊毛は食べられない。本調理の直前に取り除く。

アーティチョークの花托を切り出す(大型の場合)

fond d'artichaut フォン・ダルティショー

●下処理の第一ステップで、つぼみの底（＝フォン）にある「花托」を切り出す作業。
●外側の葉を包丁でざくざくと切り取り、露出した花托をそうじする。作業後すぐにレモン汁を全面にぬってアク止めする。
●すぐに調理する場合は繊毛をくり抜く。色止め用の下ゆでを行なう場合はまだ残しておく。
●用意するもの……レモン

プロセスを頭に入れよう

茎を根元から折る。

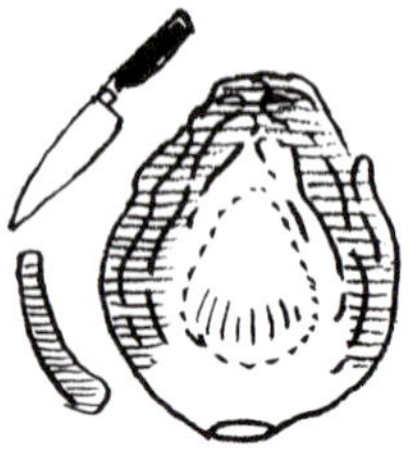

表面のかたい葉を
包丁でむく（写真**1**、**2**）。

上部2/3をカットする
（写真**3**）。

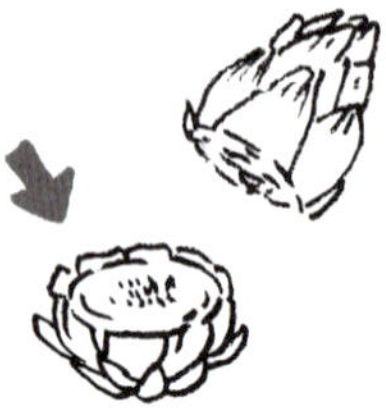

底の花托部分を使う。

花托の表面の葉を
ペティナイフでむく。

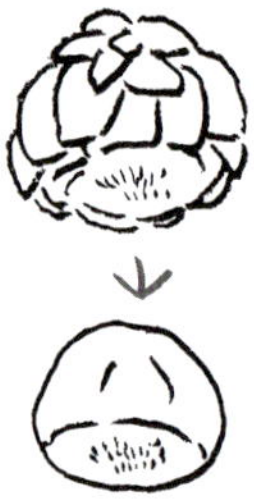

かたいところをすべて除く。
緑を残さず、白い身にする
（写真**4**）。

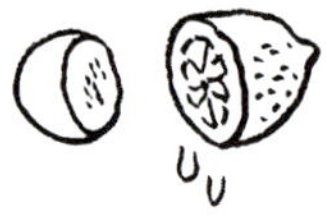

レモン汁を全面にこすりつける。
またはレモン汁入りの水に
つける。

色止めのため、
ブランの中で下ゆで

半分に切って繊毛を取り、
すぐに調理（ソテーなど）。

1 太い茎を根元から折った後、外側の葉を包丁で切りはずす。

2 外側の葉はかたいので、注意しながらぐるりと切り取る。

3 さわって見当をつけ、底部を切り離す。葉先は使わない。

4 花托周辺の葉もむき、緑の部分を残さずに切り整える。
●切り口はすぐに黒ずんでくるので、レモン汁をこすりつける。またはレモン汁入りの水に浸けてキープする。

❖ 花托の下ゆで

●色止めのために、花托をブラン（blanc　小麦粉とレモン汁を加えた湯）で下ゆでする。
●ブランに浸したまま冷まし、本調理に使うまでブランの中で保存する（あるいは真空パックして保存する）。
●ブランを使わず、2割の酢を加えた湯で下ゆでする方法もある。
●用意するもの……小麦粉、レモン汁

1 ブランをつくる。ボウルにレモン汁を入れ、小麦粉を加えてよく混ぜる。写真の状態になるよう、粉の量を加減する。
●配合の目安は、水1リットルに対して小麦粉10g、レモン汁1個分。

2 水を鍋にとって沸かし、かき混ぜながら**1**を少しずつ加える。
●小麦粉が沈んで鍋底で焦げつかないよう混ぜ続ける。

3 花托を入れ、包丁の先を刺して芯までスッと入るくらいまで下ゆでする。
●布で落とし蓋をすると、浮かばせずに加熱できる。
●火が入ったらブランごと容器に移し、氷水にあてて（またはショックフリーザーで）急冷する。使用時までブランに浸けたまま（または真空パックして）冷蔵保管する。

アーティチョークをむく（ヴィオレの場合）

●小型の品種、ヴィオレは葉も茎もやわらかめ。採れたてなら生食も可能で、フランスの産地ではサラダにもする。
●葉をそうじして花托をむいたら、そのまま調理する。
●切り口にはレモン汁をぬる。短時間でもキープする際は、レモン汁を加えた水に浸けておく。
●用意するもの……レモン

プロセスを頭に入れよう

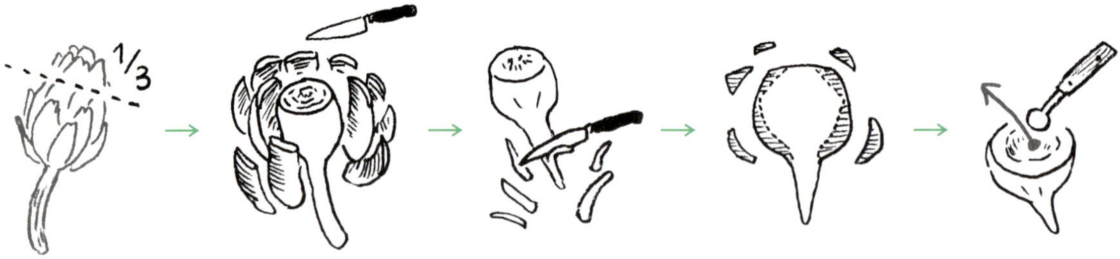

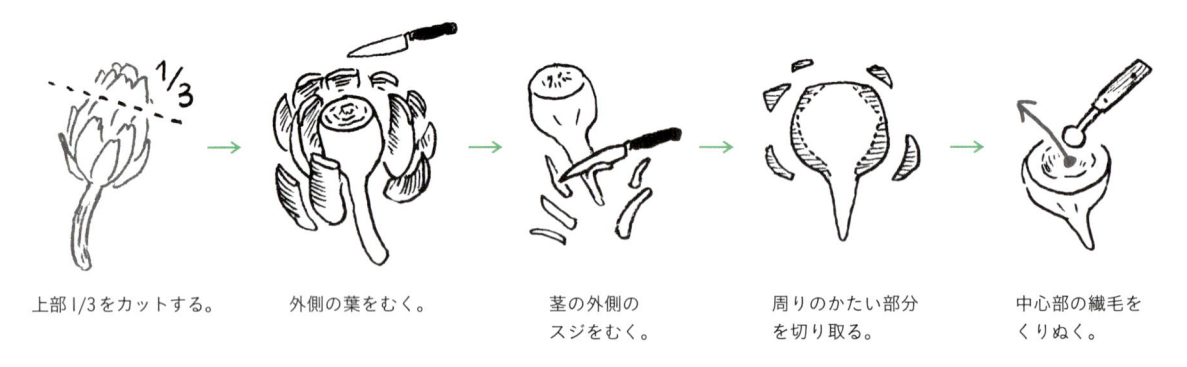

上部1/3をカットする。 → 外側の葉をむく。 → 茎の外側のスジをむく。 → 周りのかたい部分を切り取る。 → 中心部の繊毛をくりぬく。

1 葉先を切り落とす。
●刃先にトゲのある品種もあるので注意する。

2 表面のかたい葉を手でむしる。

3 ペティナイフを使い、白い花托部分が出てくるまで葉をむく。

4 茎の付け根の部分もていねいにむく。

5 茎の表面を削る。やわらかい部分だけを残す。

6 花托についた葉を切りとる。
●新鮮でやわらかいものなら、葉の付け根も食べられる。多少スジばっているが、現地の家庭やビストロではこの部分を残すこともある。

7 スジっぽい部分を切り整える。

8 きれいにむいた状態。

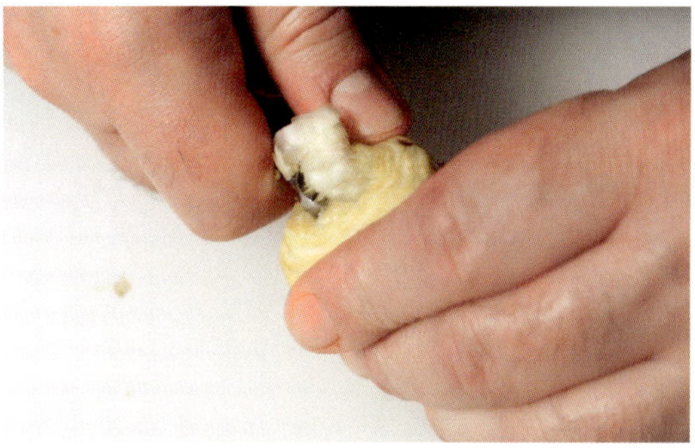

9 花托の中心にくりぬき器をさしこみ、繊毛を取り除く。
●花托を半分に切って、切り口から繊毛をくりぬいてもよい。

10 きれいに切り整える。

11 すぐに切り口にレモン汁をぬる。
●調理するまでは、レモン汁入りの水に浸けておく。

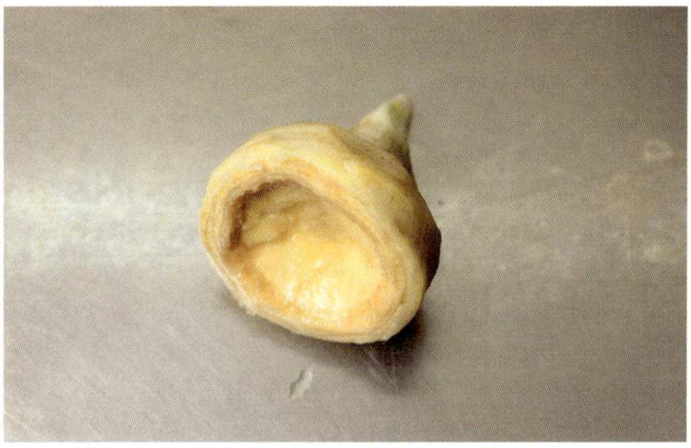

●くぼみに詰めものをする使い方もある。

アスパラガス

asperge アスペルジュ

●アスパラガスのグリーンとホワイトの違いは、栽培法によるもの。若芽を自然に育てたグリーンに対し、芽を土でおおって光をあてずに育てたものがホワイト。
●ホワイトアスパラガスは表皮がかたいので、調理する直前にエコノムで皮をむく。
●グリーンアスパラガスは、大きさや品種によってかたさはまちまち。必要なら表皮をむく。

グリーンアスパラガスのそうじ

●大きく、かたいものは、ペティナイフでハカマをそぎ取る。
●根元を切り落とす。

1 ペティナイフでハカマの部分を切り取る。

2 表皮のかたい部分をエコノムでむく。

ホワイトアスパラガスのそうじ

●ハカマをペティナイフで切り取り、表皮全体をエコノムでむく。むいた後、乾くと再び表面がかたくなってくる。むいたらすぐに使う、または水に浸ける。
●ホワイトアスパラガスは根元と穂先で火の入り方が異なる。火の入りにくい根元だけ長くゆでる。あらかじめ数本ずつタコ糸で縛っておくと、簡単に扱うことができる。

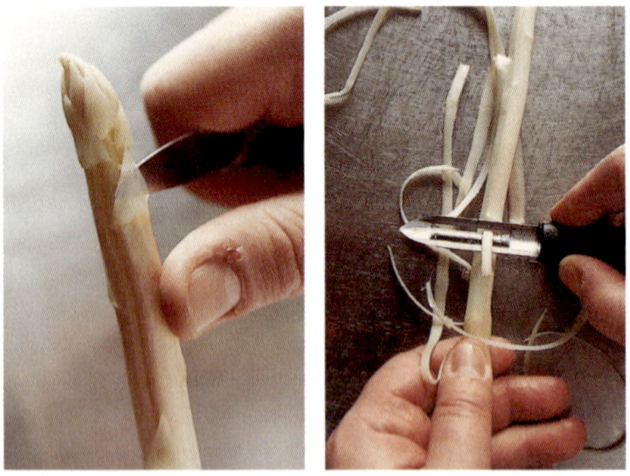

1 表面のハカマをナイフでそぎ、エコノムで薄く皮をむく。

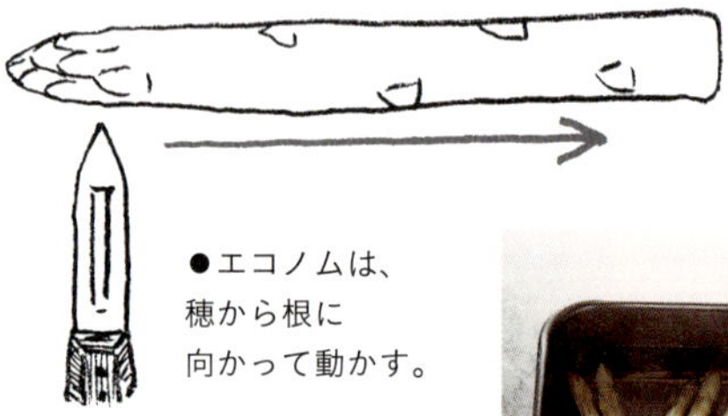

●エコノムは、
穂から根に
向かって動かす。

2 すぐに調理しない場合はいったん水に浸ける。そのままおくと乾いて表面がかたくなり、再度むく必要がある。

3 引き上げて布巾で水気をぬぐい、4～5本ごとにタコ糸で縛る（ゆでるための準備）。

ホワイトアスパラガスのゆで方

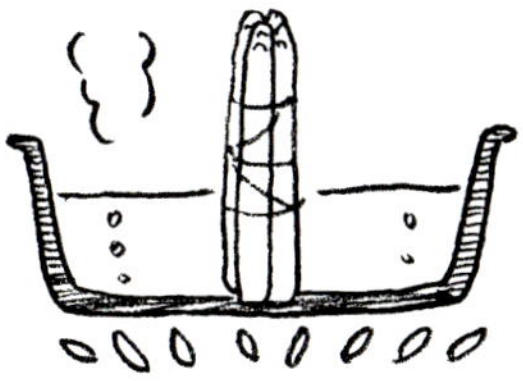

口広の鍋に深さ6～7cmの水を張って沸かし、アスパラガスを立てて入れる。

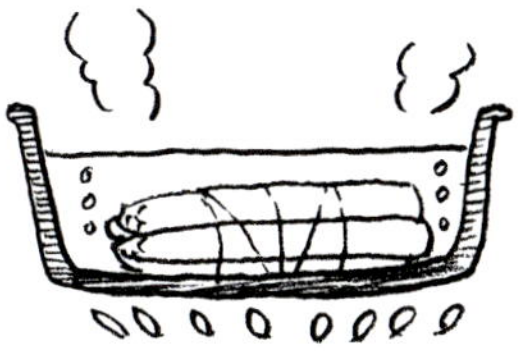

根元を3～4分間ゆでたら、横にして水に沈め、さらに約4～5分間ゆでる。

アスパラガスの縛り方

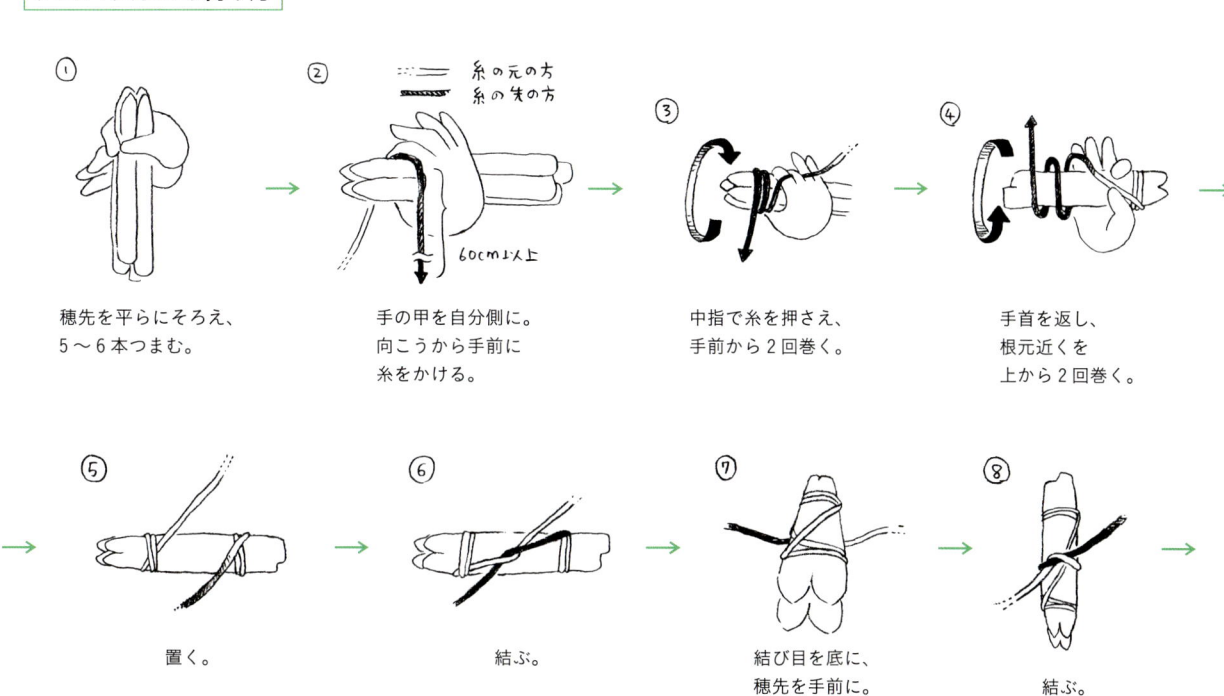

①

穂先を平らにそろえ、
5～6本つまむ。

②

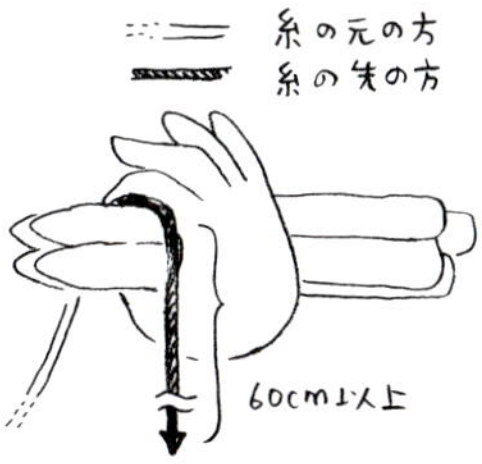

手の甲を自分側に。
向こうから手前に
糸をかける。

③

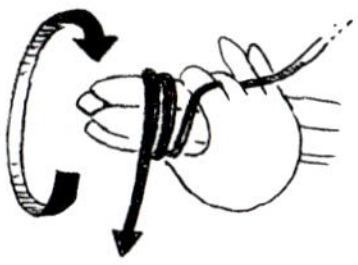

中指で糸を押さえ、
手前から2回巻く。

④

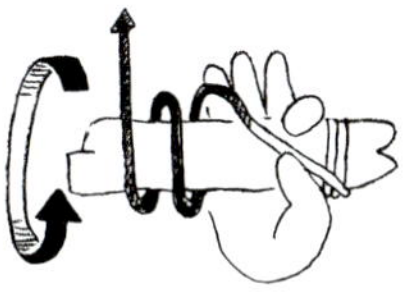

手首を返し、
根元近くを
上から2回巻く。

⑤

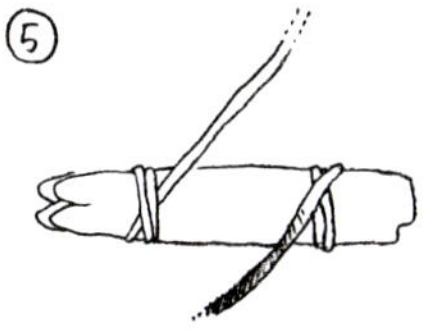

置く。

⑥

結ぶ。

⑦

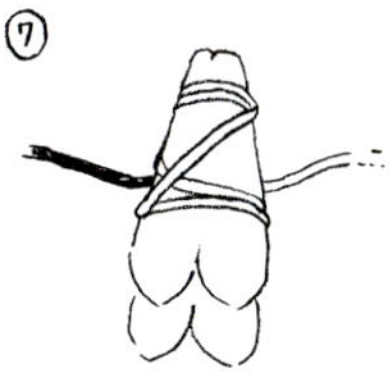

結び目を底に、
穂先を手前に。

⑧

結ぶ。

⑨

結び目を支点に、
180度回転。

⑩

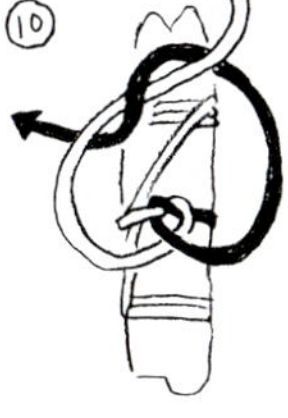

糸の先端を、
別の片方に
からげる。

⑪

結ぶ。

⑫

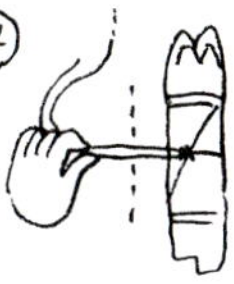

余分な糸を切る。

⑬

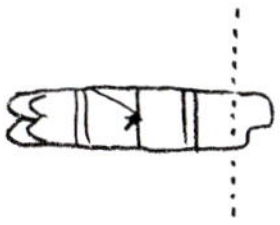

根元を
切りそろえる。

キャベツ
chou シュー

●キャベツ（chou）にはたくさんの種類がある。日本のキャベツは、フランスでは白キャベツ（chou blanc シュー・ブラン）という。
●白キャベツは火を通して食べること（スープ、煮込み、ファルシなど）が基本で、生のまま食べることはほとんどない。
●ちりめんキャベツは白キャベツよりも葉が厚く、香りが強い。必ず火を通して使う。
●紫キャベツは、火を通さずにサラダやマリネとして食べることが多い。

紫キャベツ
chou rouge　シュー・ルージュ

ちりめんキャベツ
chou frisé　シュー・フリゼ

キャベツの葉をブランシールする

●ブランシール blanchir は野菜一般の下ゆでのこと。
●ブランシールして余分な水分を抜いておくことで、煮込み調理中にキャベツが煮汁を吸いやすくなる。葉がしなやかになって、巻く、包むなどの作業もしやすくなる。
●葉がほどよいしなやかさになるまでゆでる。ゆですぎると、葉がちぎれやすくなって巻く、包むの作業ができない。
●用意するもの……塩、すくい網、氷水をはったボウル

1 外側の葉は汚れたり乾いたりしているので、捨てる。1枚ずつ破らないように葉を取る。

2 沸騰した湯（塩を加える）にばらした葉を入れてゆでる。引き上げたら氷水にとって急冷し、水気をとる。

キャベツのシフォナード

●ブランシールした葉を細く切り分けたもの。
●バターで和えたり、ココット蒸しに加えるなど、ガルニテュールとして広く使われる。
●シフォナード chiffonade は、キャベツやオゼイユなどの葉をくるくる巻いて端から細切りにしたものを指す。

1 ブランシールした葉を広げ、太い葉脈を切り取りながら半分に切る。

2 端からクルクルと巻く。

3　2～3 mm 間隔で細切りする。

●シフォナードにしてから調理することで、ソースや煮汁をたっぷりと含んで仕上がる。

❖「キャベツ包み」の包み方

chou farci　シュー・ファルシ

●キャベツの葉でファルス（farce 詰めもの）を包む際にラップフィルムを使用する方法。このままポシェしたりヴァプールすることができる。
●用意するもの……ラップフィルム

1　ラップフィルムを広げて、ブランシールして切り分けた葉を2枚、端を重ねて並べる。
●包むファルスの量と、葉の大きさとのバランスをとる。

2　中央にファルスを置き、ラップフィルムごと包む。

3　端を何重にもねじって結ぶ。
●きつく巻きすぎると、調理中に破裂することがあるので注意する。

❖ポトフ用キャベツの下処理

●ポトフなど、野菜を大きな塊で煮込む料理用に大きめのブロックに切り分ける。
●調理中に葉がばらけないよう、タコ糸で縛っておく。

1　一番外側のかたい葉を取り除き、芯の周囲に斜めにナイフの刃を差し込んで、芯をくり抜く。

2 大きさや火入れ時間に応じて、4 等分～ 8 等分する。

3 葉がバラけないよう、ポーションごとにタコ糸で縛る。

❖ 紫キャベツのジュリエンヌ

●紫キャベツはフランスでは日常的なサラダ野菜。生のまま細切りして塩や温めたヴィネガーでマリネし、翌日洗ってドレッシングで和えたサラダがポピュラー。

1 紫キャベツをタテ半分に切り分ける。
●葉がよく締まっているものが新鮮。

2 切り口を下にして置き、端から細切りする。
●マリネする場合は手で軽くばらし、塩やマリナードをふって全体によくなじませる。

キャベツの縛り方

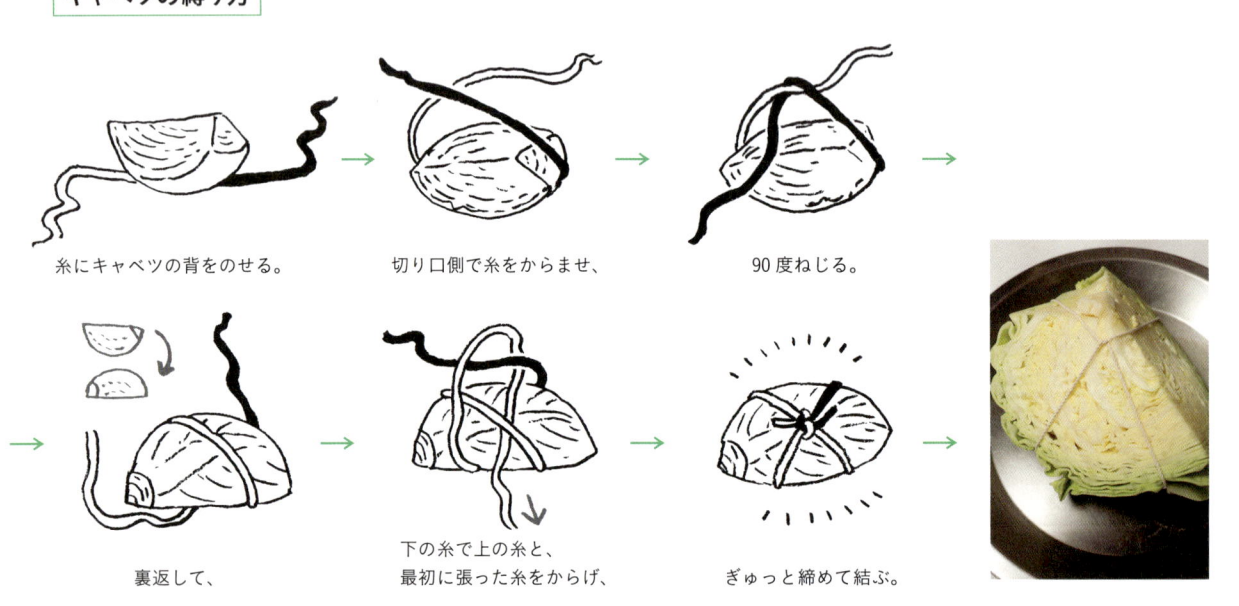

糸にキャベツの背をのせる。

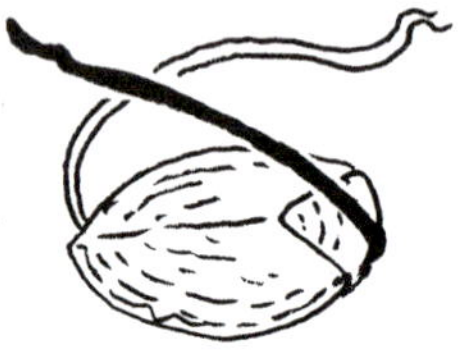

切り口側で糸をからませ、

90 度ねじる。

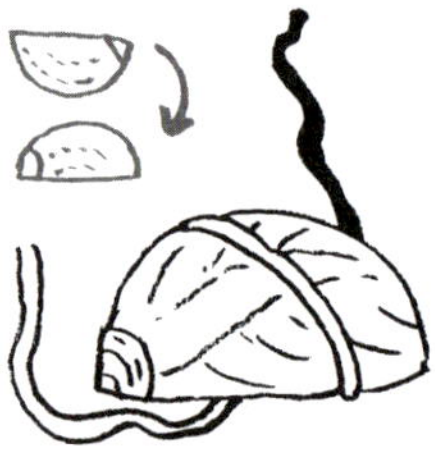

裏返して、

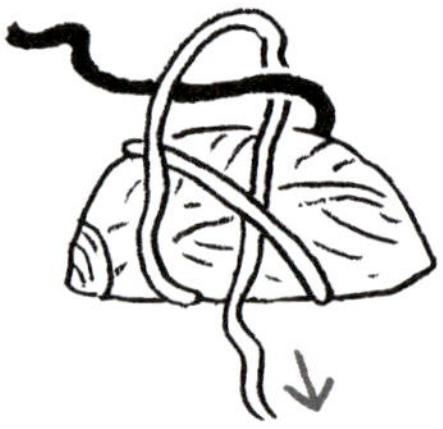

下の糸で上の糸と、
最初に張った糸をからげ、

ぎゅっと締めて結ぶ。

カリフラワー

chou fleur シューフルール

● フランス語の意味は「花キャベツ」。キャベツの変種で、つぼみと茎を食べる。紫色の品種もある。

● ゆでてグラタンにする、裏漉してスープにする、などが伝統的な使い方。酢漬け野菜としてもよく使われる。

カリフラワーをそうじする

● 周囲に葉がついている場合は取り除く。料理に応じた大きさに房を分け、水洗いする。

1 中心の茎から枝分かれしている房を手でもぎとる。
● 茎のやわらかいところから自然に折れる。

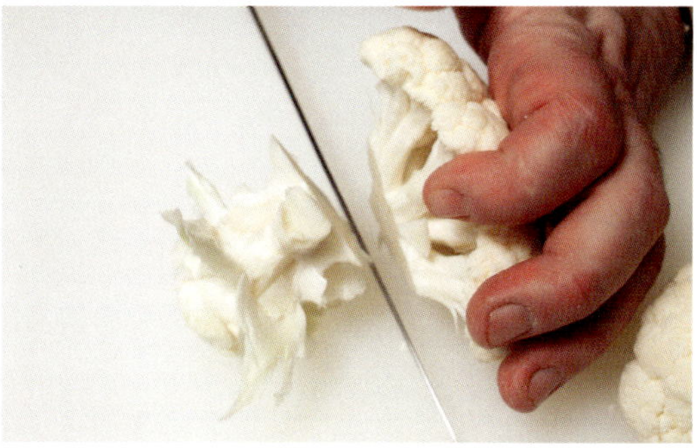

2 茎を短く切り落とす。

3 用途に合ったサイズに揃えて水で洗う。
● 一般的に、裏漉しスープやグラタンにする場合は大きめ、酢漬けにする場合はひと口大程度に。

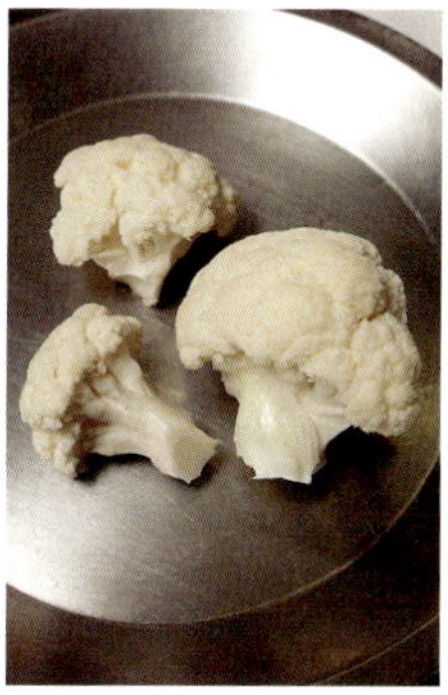

カリフラワーの“先端”

● スープの浮き実や飾り用に、先端の茎を切り取る。

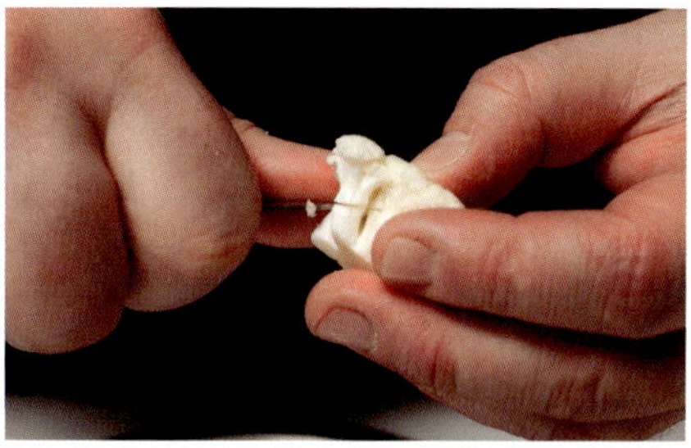

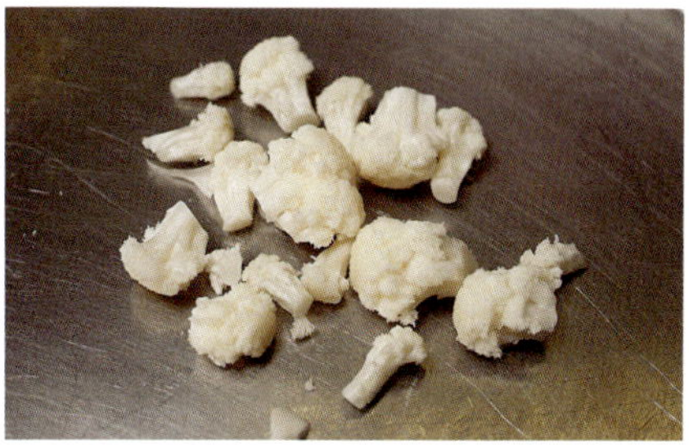

ペティナイフでつぼみの先端部分を切り取る。

カリフラワーのタブレ

● 新鮮なカリフラワーの先端をすりおろし、クスクス状の粒にしたもの。(タブレ taboulé はクスクスのサラダの意)。

● 歯ごたえのアクセントとして、生のまま使う。

クールジェット

courgette

クールジェット

●市場ではイタリア語のズッキーニの名で流通する。
●南仏料理のイメージが強い夏野菜で、ラタトゥイユに欠かせない材料。
●風味が淡白で、歯ごたえがよく、煮くずれしにくい。テクスチャーのアクセントとして、緑と白のコントラストを生かしながらトッピング的な使い方もする。見た目を重視する場合は、皮を効果的に使う。
●小ぶりな実に大きな花がついた「花付きクールジェット」もある。

クールジェットのジュリエンヌ

●緑と白のコントラストが映えるよう、皮の部分をジュリエンヌにする場合のプロセス。残った芯の部分は、ラタトゥイユなどの料理に利用する。

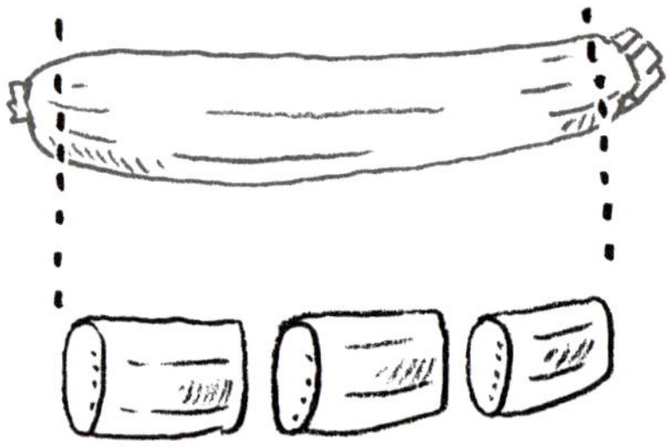

1 洗ったクールジェットの花梗とお尻をカットする。仕上がりのジュリエンヌの長さを考えて、2～3等分する。

2 皮を厚さ1～2mmにむく。
●均等の厚さにむくこと。

3 皮を適当な幅に切り分ける。厚さを均一にするため、包丁をねかせて白い部分の表面を適宜そぐ。

4 何枚か重ねて、端から細切りする。

●色と歯ごたえを生かす使い方をする。さっとブランシールして氷水にとり、バターで和えてガルニテュールにするなど。

クールジェットのブリュノワーズ

●緑と白のコントラストが映えるよう、皮の部分をブリュノワーズにする場合のプロセス。

1 適当な長さに切ったクールジェットの皮を、厚さ2～3mmにむき、白い部分の表面をそいで、厚さを均一にする。
●ジュリエンヌと同じ要領で。

2 何枚か重ね、端から2～3mm幅に細切りする。マッチ棒のサイズに。

3 ひとまとめにして、端から2～3mm幅に切る。

●皮だけでなくクールジェット全体を使う場合は、タテにスライス（厚さ3mm）→細切り→ブリュノワーズと切る。

クールジェットのエマンセ

●クールジェットを小口から薄切りする。グラタンなどの料理に。
●皮をむいてから薄切りした真っ白なエマンセと、皮付きのエマンセを、飾りとして交互に並べることもある。

クールジェットをくりぬく

●芯をくりぬいて、詰めもの料理の台にする。
●用意するもの……くりぬき器

1 きれいに洗ったクールジェットを4～5cmの幅にカットして、白い部分をきれいにくりぬく。

●台をゆでてサラダなどを詰める、あるいはファルスを詰めて台ごとブレゼする、などの使い方がある。

ほうれん草

épinard エピナール

●高級レストランでは、茎をはずして葉のみを使う。
●ポピュラーな使い方はバターでソテーする、クリームで和える、ピュレにする、葉でファルスを包む…など。

❖ほうれん草の下処理

●葉を茎からきれいにはずし、冷水に浸けてシャキッとさせる。
●ソテーする場合はもちろん、ブランシールする場合も、あらかじめシャキッとさせておくことでゆで上がりがしっかりする。

1 茎から葉をはがす。裏返して葉から葉脈をはがし取るようにする。葉が破れないように注意。

2 冷水をはったボウルに放し、シャキッとさせて引き上げる。
●よく水切りをしてから使う。

❖ほうれん草をブランシールする

1 下処理したほうれん草を、沸騰した湯（塩入り）で約５秒間ゆでる。

2 引き上げてすぐに氷水に浸ける。
●急冷することで発色がよくなる。放置すると色が濁る。
●すぐにザルにとって、水気をきり、布巾にとる。

●「ほうれん草包み」など、葉を１枚ずつ使う場合は、破れないよう布巾の上に広げて水気をとるとよい。

さやいんげん
haricot vert
アリコ・ヴェール

●下ゆでしたものを、バターとともに火入れする「オ・ブール」という料理がもっともポピュラー。
●下準備の段階で、芯のない状態まで加熱し、水気を除いておく。歯がスッと通るやわらかさまでゆでる。

さやいんげんの下ゆで

●両側面にあるスジを除いてから、洗い、塩入りの湯で下ゆでする。

1 先端のツノを折り、そのまま片側のスジを引っ張ってとる。次に、サヤの根元を折って反対側のスジをとる。
●最近はスジのないものが多い。それでも、ツノと根元は必ず互い違いの方向に折ってとる。

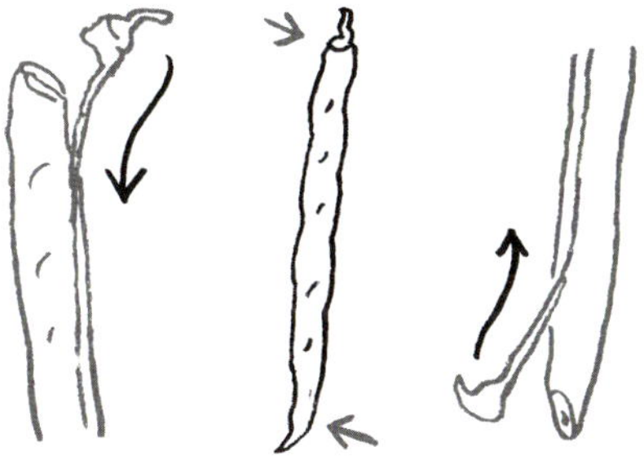

2 水洗いして、冷水に放つ。

3 沸騰した湯（ひとつまみの塩を加える）に入れ、約2～3分間ブランシールする。

4 ゆであがりの目安は、サヤを開いたときに抵抗なくスーッと割れること。これを確認してから、ザルにとる。

5 すぐに氷水に浸けて急冷する。引き上げて、布巾などの上にのせて水気をとる。
●氷水に浸けっぱなしにすると香りがとび、水っぽくなる。熱が取れたら直ちに引き上げる。

かぶ

navet ナヴェ

●フランスでもとてもポピュラーな根菜で、種類も多い。煮込み、スープ、サラダ、酢漬け…とさまざまに使われる。
●皮が厚いので、皮むきにはエコノムではなくペティナイフを使う。

かぶのエマンセ

1 根を切り落とし、葉元も同様に切り落とす。
●小かぶを丸ごと使う場合は、葉を少し残したままにすることもある。

2 ペティナイフで厚めに皮をむく。
●厚い皮はエコノムではきれいにむけないので、ナイフを使う。

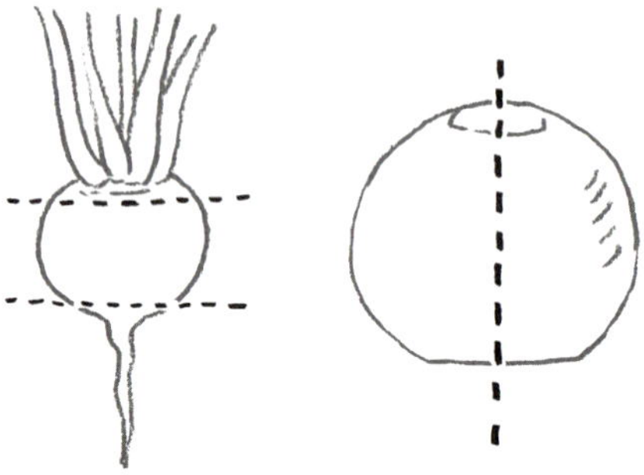

3 タテ半分に切る。

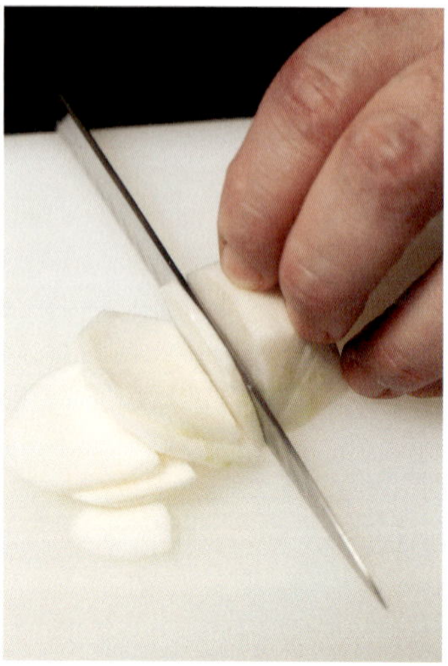

4 切り口を下にしてまな板に置き、端から薄切りする。

かぶを面取りする

●かぶやにんじんをグラッセにしたり、煮込み料理のガルニテュールとする場合、1片ずつ面取りして、形を揃える。きれいに切り整えることで、煮くずれしにくくなる。
●切りくずはピュレなどに利用する。捨てないこと。

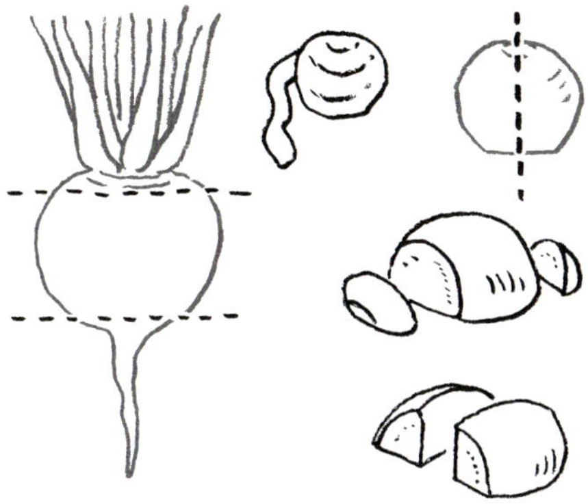

1 根元と葉元を切り落とし、皮をむく。タテ半分に切り、両端を切り落とす。さらに半分に切る。

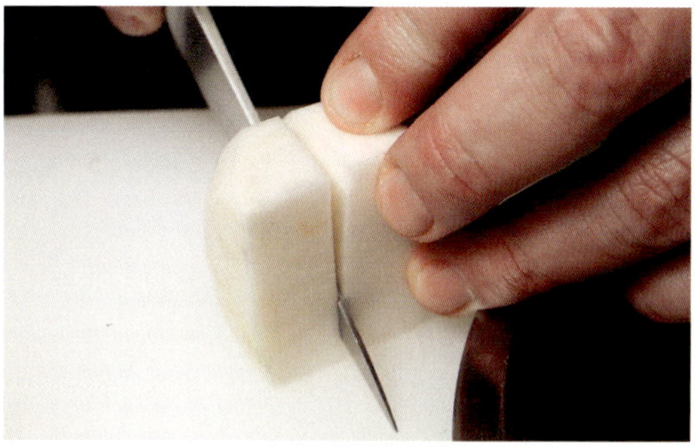

2 約1～1.5 cm 幅に切り分ける。

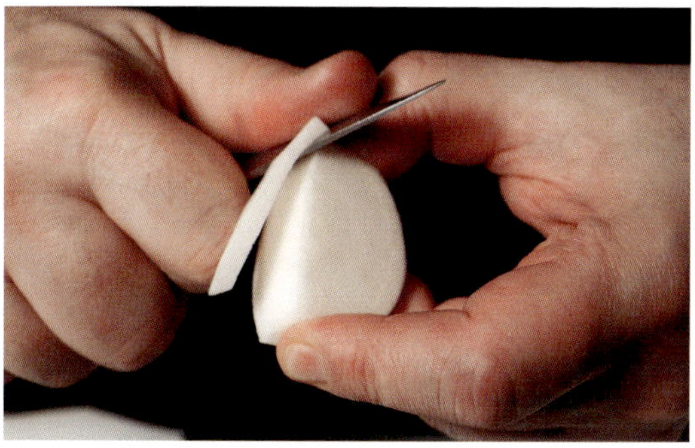

3 ペティナイフを使って、切り口の角から面取りする。
●ナイフは、向こう側→手前に動かす。
●ゆるくカーブさせながら、ひといきに削る。

4 削る面を少し回転させて、つぎの角を面取りする。

5 繰り返して、バランスよく切り整えながら1周むく。

6 1片の長さや形には、さまざまなフォーマットがある。写真は代表的なもの。
●左は「グース・ダイユ gousse d'aïl」。ニンニクのかけらの意味。最初にカットした1片の自然な形を生かしたもの。
●右は、細身の紡錘形。

ピーマン

poivron ポワヴロン

●フランス料理で使われているのは、一般には、大きくて肉厚な「ジャンボピーマン」タイプ。フレッシュでみずみずしく、加熱すると濃厚なコクがあらわれる。

●赤、黄、緑、オレンジ、紫などの色がある。黄色やオレンジは甘みが強く、赤は強いコクがあり、緑はかすかな苦みがある。

ピーマンの皮をむく

●ジャンボピーマンは皮が厚いので、むいて使うことが多い。

●以下は、直火で皮を真っ黒に焦がしてむく方法（オーブンに入れてもよい）。ピーマン自体にも多少の火が入るので、旨みが凝縮し、しんなりとする。長く焼くと加熱が進むので、フレッシュ感を残したければ手短かに行なう。

●サラダなど完全にフレッシュな状態で使いたい場合は、生のままエコノムで使ってむく（プロセス解説省略）。

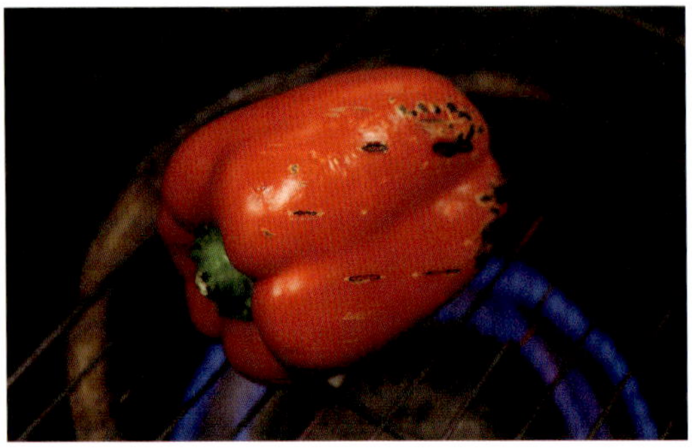

1 ガス火に網をかけ、ピーマンをのせて、皮が真っ黒に焦げるまで焼く。

2 直火に向ける位置を少しずつ変えながら焼き、全面を均等に焦がす。

●へたの周り、くぼみもまんべんなく。

●この過程で、ピーマンにも多少火が入る。

3 全面が焦げたら、火からおろして氷水に浸ける。手でこすると、すぐに皮がむける。

●長く水に浸けると香りが抜けるので手早く作業する。

4 きれいにむいた状態。くぼんだ部分に皮を残さないようにする。

ピーマンのジュリエンヌ

1 溝にペティナイフを入れて切り開く。となりの溝も切り、ひとつの「山」を切り取る。

2 茎につながった芯と種を切り取る。

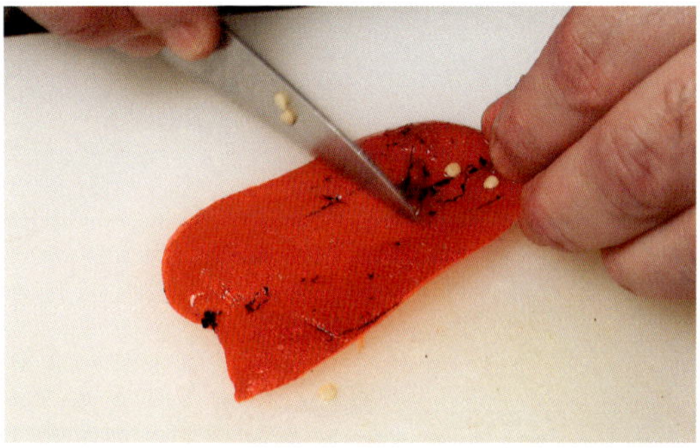

3 「山」ごとに切り分ける。表面に残った皮の焦げかす、内部に残った種を取り除く。

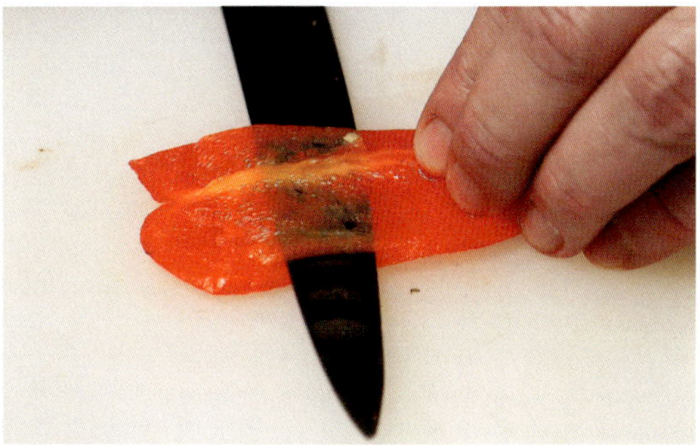

4 内側を上にして、ねかせた包丁で、フシをそぎ切る。

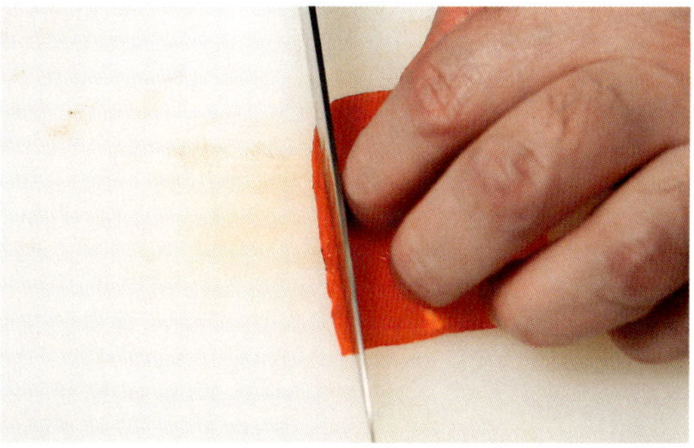

5 表面を上にして、端から必要に応じた幅に細切りする。
●刃先を向こう側から手前にすべらせるように切る。

●ジュリエンヌに切りそろえた状態。

じゃがいも

pomme de terre

ポム・ド・テール

●フランス人の大好きな、フランス料理の代表的なつけあわせ食材。品種も調理方法も幅広い。
●揚げる、ゆでる、蒸すに合わせた定番の切り方がある。
●皮むきにはエコノムを使うと仕事が早い。くぼんだ部分は、ナイフまたはエコノムの先でくりぬく。

フライ用の切り方

●フライドポテトのバトンの太さやスライスの形によって、定番の「ことば」と「切り方」がある。
●切った後は、切り口のでんぷんを軽く洗い流し、布巾にとってよく水分をふきとる。

ポンヌフ

pommes "Pont-Neuf"　ポム・ポンヌフ

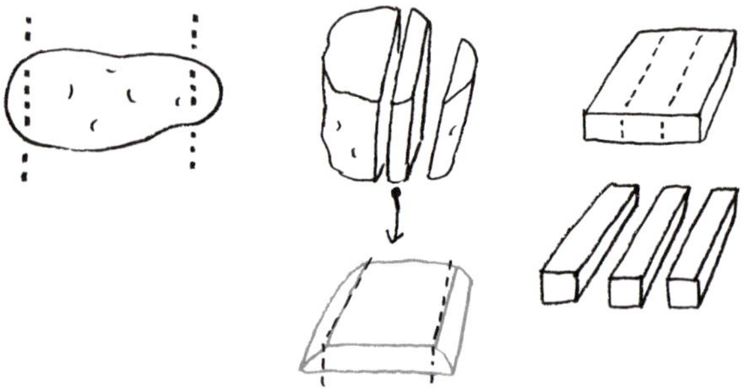

●もっともポピュラーな「フレンチフライ」の形。
●長さ 6 〜 7 cm、切り口が 1 〜 1.3 cm 角のバトン状。
●最初に両端を落としてから、1 〜 1.3 cm 幅に切り分け、その各片を同じ幅に切り分ける。切りくずは、ピュレなどに使う。

アリュメット

pommes allumettes　ポム・アリュメット

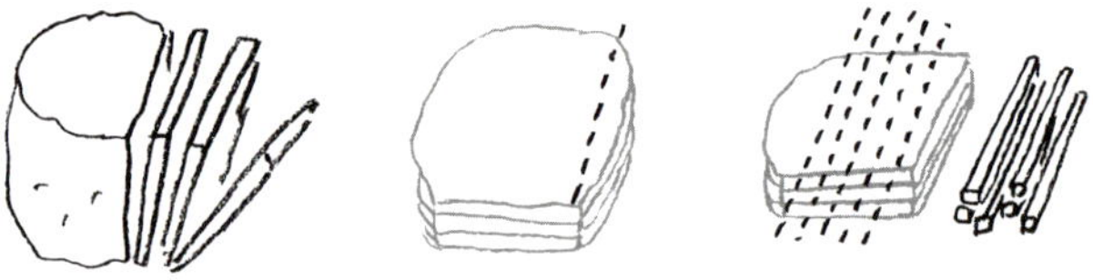

●アリュメットはマッチ棒の意味。長さ 6 〜 7 cm、切り口が約 3 mm 角のバトン状。
●両端を切り落としてから 3 〜 4 mm 幅に薄切りし、それらを重ねて同じ幅に細切りする。

ポム・パイユ

pommes paille　ポム・パイユ

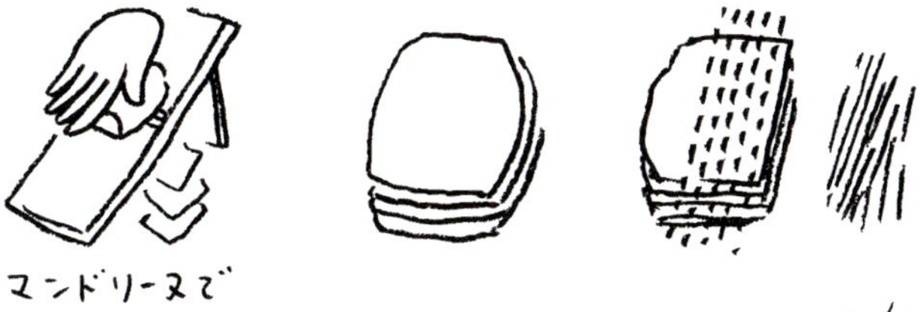

●パイユはワラの意味。
●マンドリーヌで厚さ 1 〜 1.5 mm にスライスし、それらを重ねて 1 〜 1.5 mm 幅に細切りする。

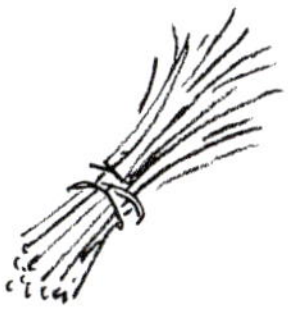

ポム・ゴーフレット

pommes gaufrettes　ポム・ゴーフレット

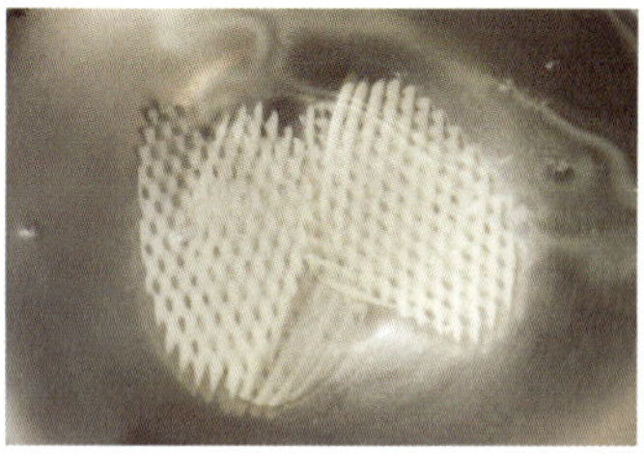

●網目状のポテトチップス。スライスにはマンドリーヌを使う。
●マンドリーヌに「波刃」をつけ、厚さ 3 mm にセットする。初回のスライスで、じゃがいもの切断面にタテのスジ目をつける。ついで 90 度ヨコ向きにスライスすると、2 枚目から格子状にスジのついたチップスがとれる。以降、タテ、ヨコ、タテ、ヨコ・・・と繰り返しながらスライスする。
●切ったものは水にさらす。

煮る、蒸す用の切り整え方

pommes château　ポム・シャトー ／ pommes cocotte　ポム・ココット

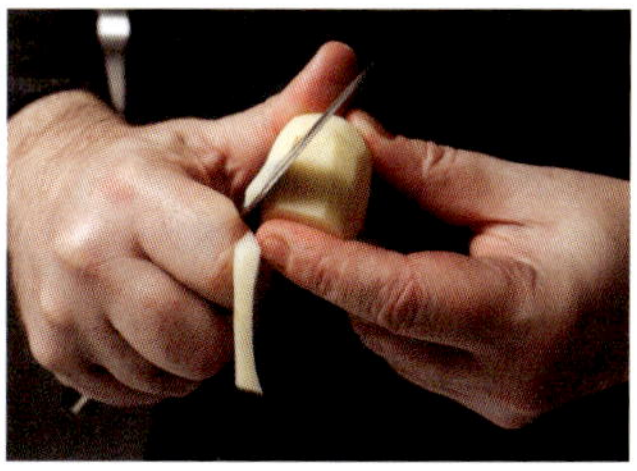

●じゃがいも 1 個を 1/4 〜 1/8 に切り分け、各カットをペティナイフで面取りして切り整える。
●いろいろな切り方があるが、代表的なものがこの 2 例。写真左がポム・シャトー（小樽の形）、右がポム・ココット（細身の紡錘形）。
●日本では、ポム・ココットが " シャトー切り " と呼ばれる傾向があるので注意。

シャンピニョン

champignon de Paris

シャンピニョン・ドゥ・パリ

●シャンピニョンは本来きのこの総称で、正式名称は「シャンピニョン・ド・パリ」。
●人工栽培の歴史が長く、1年中入手可能なことから料理の基本食材となった。ガルニテュール素材としてだけでなく、「旨みのベース」として幅広く使われる。シャンピニョンのアッシェをエシャロットともに炒めた「デュクセル」は代表例。
●新鮮なものは傘が閉じているが、しだいに傘が開き、裏側のヒダが褐色になってくる。

シャンピニョンのそうじ

●土や汚れを取る、傘の表面や軸の一部を切り取る、などの作業。

1 軸の先端にかたい部分がある場合はペティナイフで「えんぴつのように」削る。
●削りカスは、乾かしてオーブンで焼き、挽いて粉にする。きのこパウダーとして香りづけに使える。

2 （傘の表面が褐色のものを、真っ白く仕上げたい場合は）傘の皮をむく。ペティナイフを傘の付け根に入れて表面の皮をめくり、そのまま引っ張ってむく。
●真っ白なものはむく必要はない。

3 皮をむくと、真っ白な地肌があらわれる。
●皮をむいてから、水できれいに洗う。

シャンピニョンのカルチェ

●カルチェは1/4の意味。四等分する切り方のこと。
●ガルニテュール用にソテーする際の一般的な切り方。

1 軸を切り落とす。
●軸はアッシェして、デュクセルなどにする。

2 傘の部分を1/4、大きさによっては1/6に切り分ける。

シャンピニョンのエマンセ

1 シャンピニョンの傘を、端から薄切りする。
●断面はキノコ形になる。

シャンピニョンのジュリエンヌ

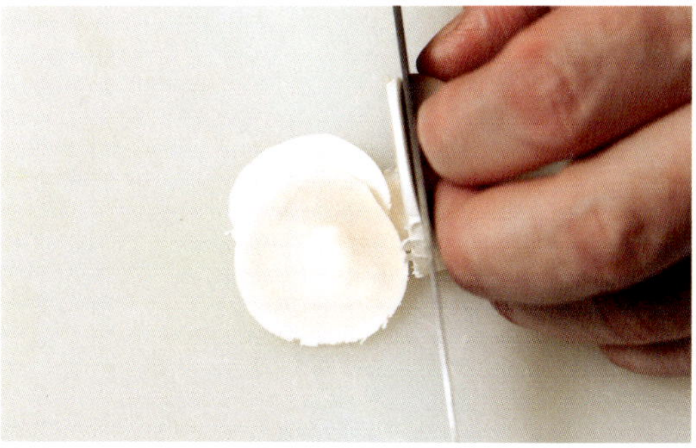

1 シャンピニョンの傘を（水平方向に）薄切りする。厚さは2～3 mm。

2 薄切りを重ねて、端から2～3 mm 幅に細切りする。

●スープやコンソメの浮き身や、サラダなどに生のまま使う。
●時間をおくと酸化して黒ずむので、提供直前に切ること。

シャンピニョンのアッシェ

●約 1 mm 角にみじん切りする。
●切った直後から酸化して黒ずんでくるので、使う直前にきざむ。
●一度に大量にきざむと、切り終わるまでに色が悪くなる。デュクセルを白く仕上げたい場合は、一度の仕込み量をおさえ（300g 程度まで）、大量につくるなら何度かに分けるとよい。

1 シャンピニョンのジュリエンヌを細かくきざむ。

●シャンピニョンのカルチェをミキサーにかけてアッシェする方法もあるが、手できざむほうが水分が出にくく、褐変もしにくい。

野生のきのこ

champignons sauvages

シャンピニョン・ソヴァージュ

●写真右は、フランス料理食材として輸入される代表的な秋の野生キノコ。

●天然物なのでそうじが必要だが、流水でジャブジャブ洗うことは不可。なるべく水を吸わせないよう、ていねいに土やゴミ、虫食いを取り除く。

❖ セープ茸

cèpes

セープ

●湿った土がついていることが多く、ていねいなそうじが必要。虫食いのリスクもある。

●とくに水を吸いやすいので、水に浸けないこと。こびりついた泥はナイフで削る、水をつけたブラシでこすり落とす、ぬれ布巾でふく、など。水気はすぐに紙でふきとる。

1 こびりついた泥はナイフで削る。

2 最小限の水で表面の汚れをふき取り、虫食いをチェック。

3 半分に切って虫食いを確認する。あれば切り取る。

❖ トランペット茸

trompettes de la mort

トロンペット・ド・ラ・モール

●トランペットのような長い筒の形をしているので、その中に土やゴミがたまりやすい。ていねいなそうじが必要。

1 筒をナイフで切り開く。

2 ボウルにはった水に浸けて洗う。何度も水を換え、しっかりと砂を除く。

3 キッチンペーパーでよく水をふきとり、乾いたペーパー上に広げておく。

ピエ・ド・ムトン茸
pieds de mouton
ピエ・ドゥ・ムトン

●「羊の足」のような形。身は厚い。傘の裏にポソポソした繊維があるのでこれを除く。

1 軸の端の汚れた部分を切り落とす。

2 水をつけたブラシで、表面の汚れと、傘裏の繊維を落とす。

3 ペーパーで水分をふき取る。小さく切り分けておく。

ジロール茸
girolles
ジロール

●和名はあんずたけ。軸についた汚れや、かたい部分を切り取って、水でふり洗いする。

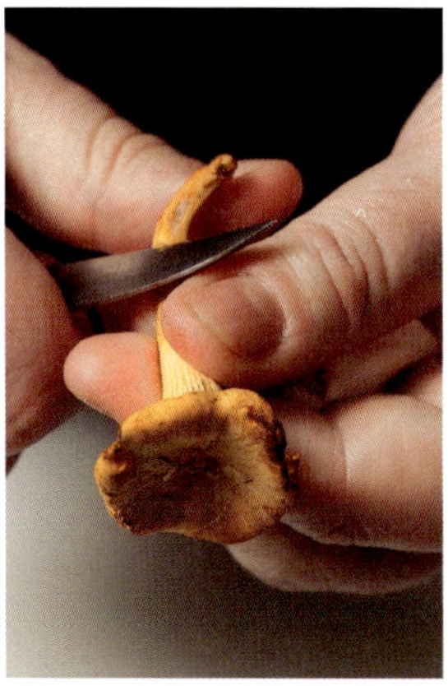

1 軸の根元のかたい部分を切り取る。

2 傘の端にかたい部分があったら、切り取る。

3 ボウルにはった水でふり洗いする。

ピエ・ブルー茸 pieds bleus ピエ・ブルー

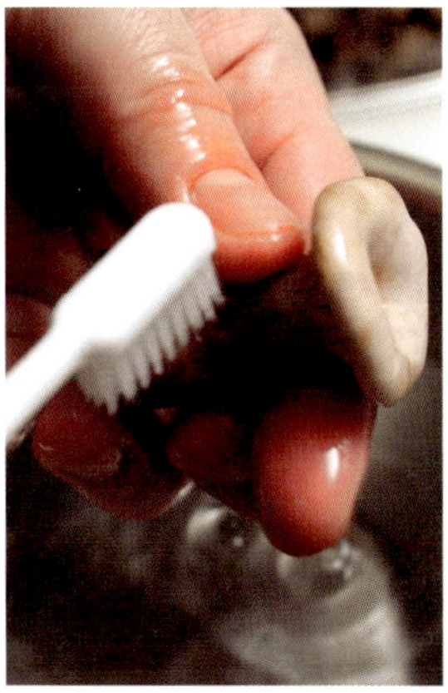

●水をつけたブラシで表面を洗う。

シャントレル茸 chanterelles シャントレル

1 軸の根元のかたい部分を切り取る。

2 ボウルの水に浸けてふり洗いする。

乾燥きのこ

champignons secs

シャンピニョン・セック

●天然きのこを乾燥させたもの。セープ茸、モリーユ茸、トランペット茸がポピュラー。
●水に浸けてもどし、水気をよくしぼって使う。

❖ 乾燥きのこをもどす

●ここではセープ茸を使用。他のきのこも扱いは同じ。

1 水をはったボウルに乾燥きのこを入れ、ひと晩おく。
●分量の目安は、乾燥きのこ 50g に対して、水 300g。

2 翌日、きのこがもどったことを確認し、水気をしぼる。
●もどし汁には、きのこのエキスが抽出されている。この汁を煮詰めてきのこのエッセンスとして利用する。

3 このあとキッチンペーパーにとる。

❖ もどし汁を煮詰める

●セープ茸やモリーユ茸のもどし汁は、煮詰めて使う。
●トランペット茸やピエ・ド・ムトン茸のもどし汁には苦みがあり、単独で使いづらい。多種混合での使用は可能。

1 きのこのもどし汁を布で漉し、微細なクズなどを除く。

2 野生きのこ特有の旨みと香りが移った汁。

3 鍋にとって強火で煮詰める。

4 充分に香りが濃縮されるまで煮詰める。目安は 1/3～1/4 量。

魚介

poissons et coquillages

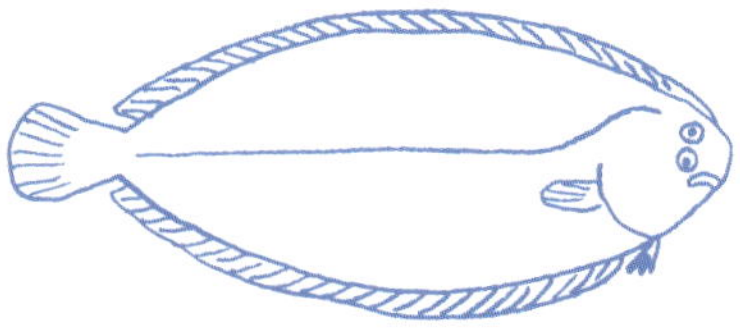

魚介をあつかう

poissons ポワッソン／coquillages コキヤージュ／crustacés クリュスタッセ

●魚介の下処理にはとくにスピードが大切。素材が入荷したら、まずその「状態」を見きわめ、その日必要な作業を確認する。
●鮮度を損なわないよう、つねに手早く作業する。
●魚の下処理には水を使う場面が多い。血や汚れをきれいに落としつつ、よけいな水分を素材に残さないよう、注意する。

魚をさばく包丁

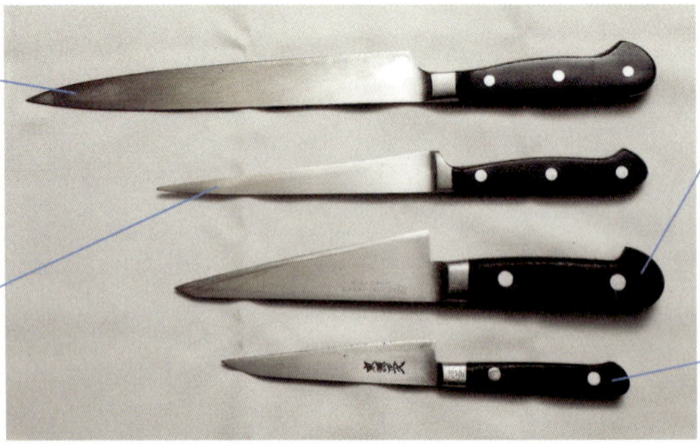

●ソールナイフ●

刃は薄く、刃幅は狭く、刃渡りが長い。「しなり」が特徴で、やわらかい魚の身をおろしやすい。フランス語でフィレ・ドゥ・ソール filet de sole という。

●スライサー（筋引包丁）●

刃幅が狭く、刃は薄め。魚をおろすなど全般に。デネルヴール dénerveur。

●さばき包丁（骨スキ包丁）●

出刃包丁のひとつ。刃が厚く、太い骨も切り落とせる。魚の頭を落とす、アラを分割する、などの用途に。フランスのデゾッスール désosseur に相当。

●ペティナイフ●

クトー・ドフィス couteau d'office。刃渡りの短い包丁。小ぶりの魚をおろす、などに。

基本の道具

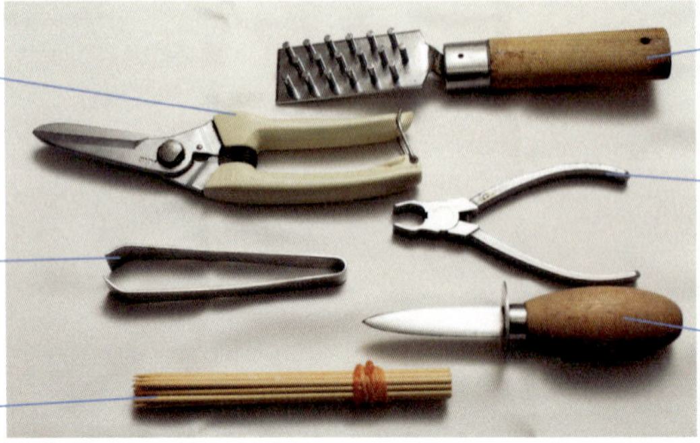

●調理バサミ●

ヒレを切るなど。写真は刃の厚い剪定用ハサミ。鯛などの太い骨を切るのに便利。

●小骨抜き●

必須アイテム。

●束ねた竹串●

おろした魚の中骨まわりを洗うときに便利。

●ウロコ引き●

大きな魚のウロコを取る際に。

●ペンチ●

太い骨を引きぬく。

●オイスターナイフ●

カキの殻開け用。刃が厚く、柄も丈夫で、ぐっと力を入れやすい。

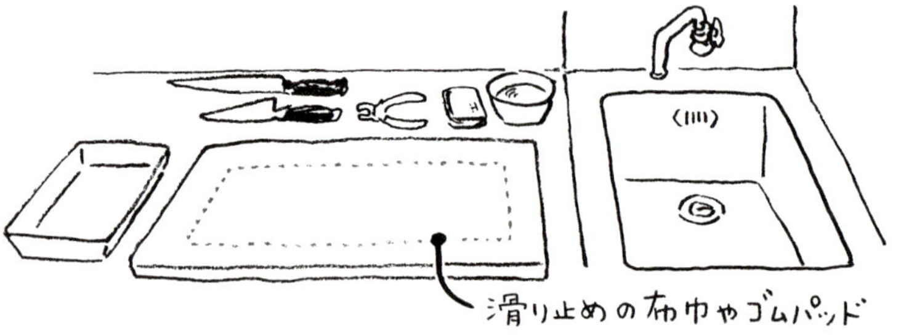

●魚の下処理は、シンクの近くにスペース設けて行なう。
●まな板はひとつの作業が終わるたびに洗い、つねに清潔を保つ。下に滑り止めのぬれ布巾やゴムパッドを敷く。
●おろした身やアラは、種類別にバットに並べる。まな板の上に並べないこと。

CHECK 大事なこと

魚のもち方

- なるべく魚に直接触れない。
- とくに腹をつかまない。体温を伝えたり、身をいためることがないよう。
- 小さいものは尾を、大きいものは両手で頭と尾をもつ。

魚をわしづかみしない
→身がいたむ

大きな魚を片手で
つかまない。
→身割れする。

サケなどの大きな魚は
必ず両手で
頭と尾をつかむ。

水洗いのしかた

- ウロコ取りや水洗いは、シンクの中で行なう。
- 魚はシンクの底におき（浮かせない）、ていねいにあつかう。

シンクの底に魚の身をつける。

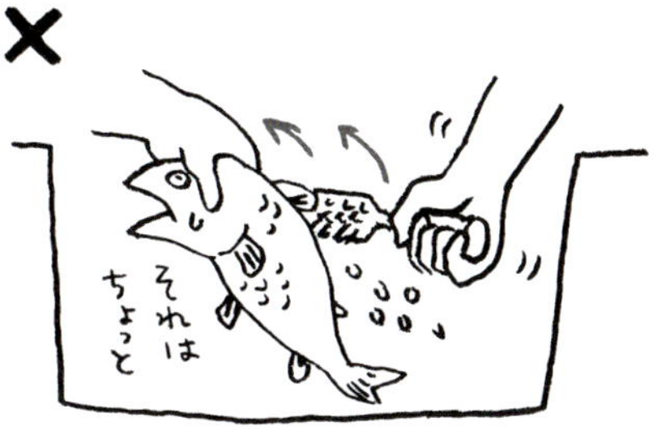

魚を浮かせて作業すると、
身に負担がかかる。

❖ 魚のそうじ →フィレにおろす

habiller アビエ ／ lever des filets ルヴェ・デ・フィレ

●魚の下処理には、頭や内臓をそうじする最初の作業（アビエ）と、それをすぐに調理に使える「フィレ」や「切り身」の状態にする第２の作業がある。

●フランスの料理の教科書では、魚を以下のふたつに大別して解説する。

• 丸い魚（poisson rond ポワッソン・ロン）：身が丸みを帯びた魚。すずき、たい、いわしなど。大多数の魚はこの部類。

• 平たい魚（poisson plat ポワッソン・プラ）：身が扁平な魚。舌びらめ、ひらめの類。

❖ 魚の構造と部位

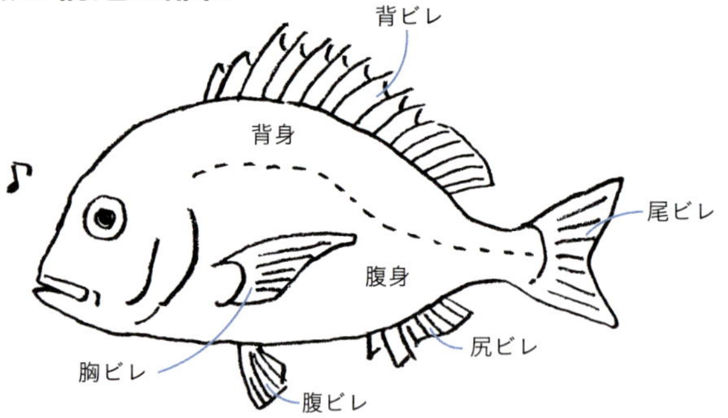
背ビレ
背身
尾ビレ
腹身
尻ビレ
胸ビレ
腹ビレ

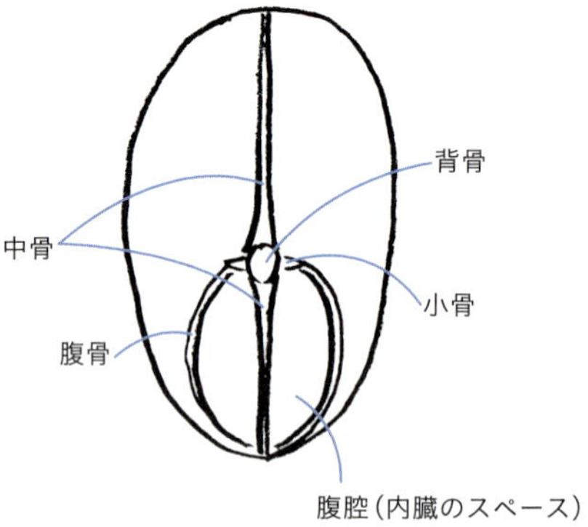
背骨
中骨
小骨
腹骨
腹腔（内臓のスペース）

基本の三枚おろしをイメージしよう（丸い魚）

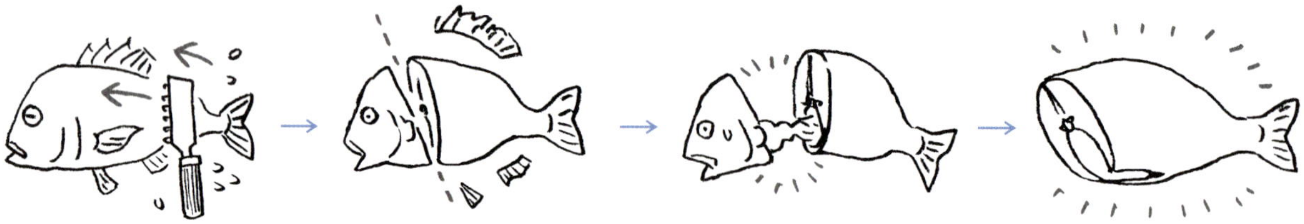

ウロコをとる → ヒレを切り、頭を落とす → 内臓を抜き、腹の中の血を洗う → ＊そうじ完了

［片身をはずす］

腹　上下を逆に　背　１枚目のフィレ

［残った片身をはずす］

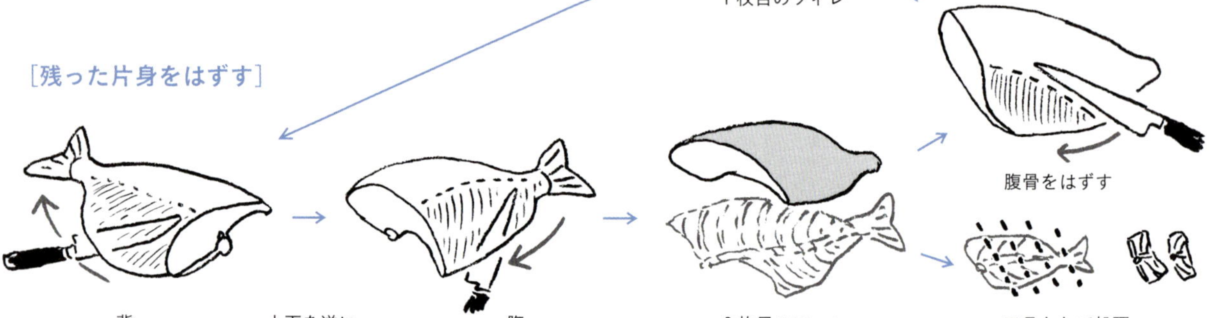

背　上下を逆に　腹　２枚目のフィレ

腹骨をはずす

アラとして処理

魚の切り方に関することば

フィレ filet

● 魚の身を、中骨に沿って表と裏からそれぞれ切り離したもの。一般的な魚は表裏2枚のフィレ、舌びらめのように平たく幅広い魚は表裏それぞれ腹側・背側の計4枚のフィレをとるのが標準形。

● 大型の魚はフィレをさらに切り分けてポーションをとる。

● その日の営業で使う魚は、ミザンプラスの段階でフィレにまでおろしておく。

ダルヌ darne

● さけ、まぐろ、メルルーサなど大きな魚の身を、中骨ごと厚く筒切りにしたもの。

トロンソン tronçon

● 平たく大型の魚（テュルボなど）の中央部を、薄く筒切りにしたもの。

エスカロップ escalope

● 大きな魚のフィレを、適度な厚さにカットしたもの。

参考：フランス式のシンプルなおろし方

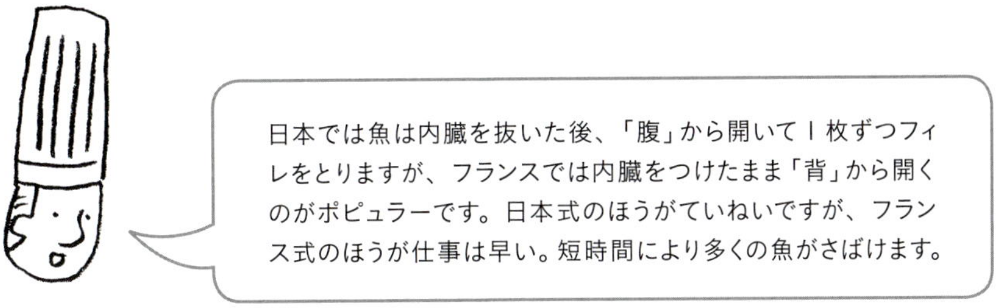
日本では魚は内臓を抜いた後、「腹」から開いて1枚ずつフィレをとりますが、フランスでは内臓をつけたまま「背」から開くのがポピュラーです。日本式のほうがていねいですが、フランス式のほうが仕事は早い。短時間により多くの魚がさばけます。

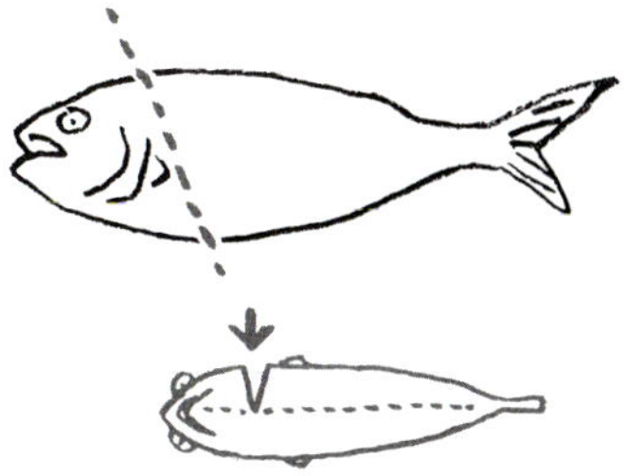

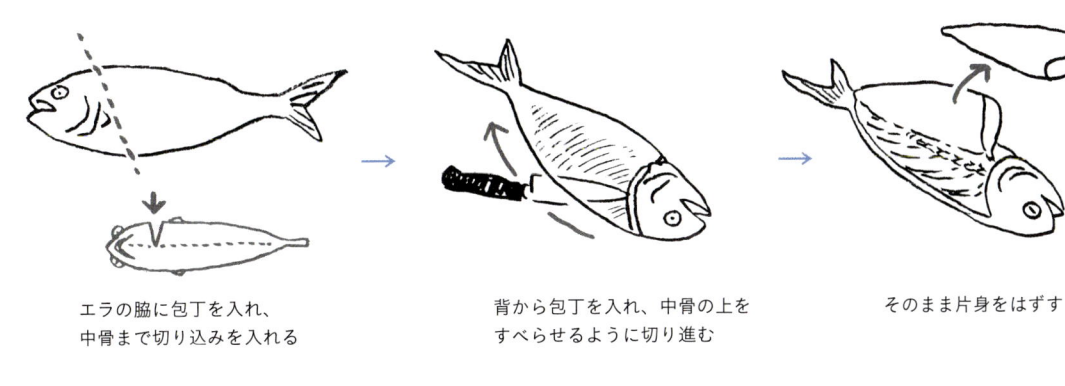

エラの脇に包丁を入れ、
中骨まで切り込みを入れる

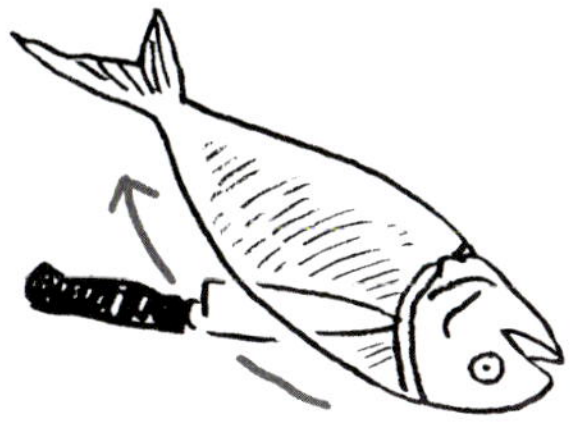

背から包丁を入れ、中骨の上を
すべらせるように切り進む

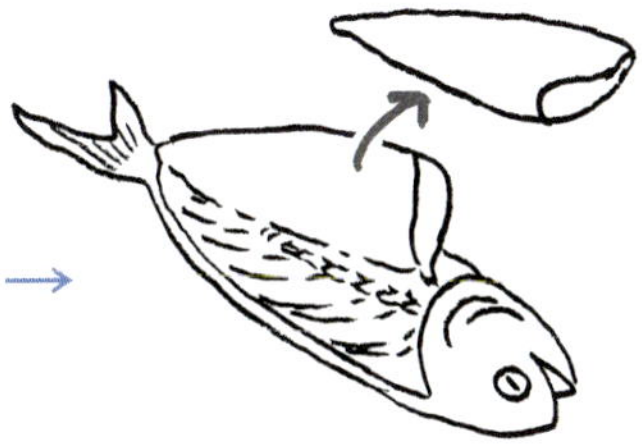

そのまま片身をはずす

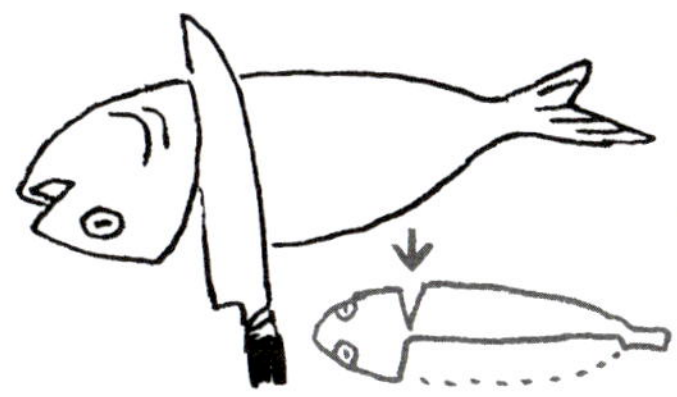

裏返し、
エラの脇に切り込みを入れる

切り口に刃先を入れ、身をはずす
（内臓を傷つけないように）

はずした2枚のフィレを
そうじする

たい（丸い魚の例）

dorade ドラード

●丸い魚 poisson rond の代表例として。
●写真は天然まだい（ドラード・ジャポネーズ）。
●フランスと日本では市場での魚の処理方法が異なる。日本では高級魚は「活け締め」されるので、入荷時にはまだ身が締まってかたいことがある。状態によっては頭と内臓をそうじした後、1～2日間ねかせて身を熟成させるとよい。

魚のそうじ
habiller アビエ

●魚をおろす前段階の下処理。具体的には、ヒレを切る、ウロコをとる、頭を落とす、内臓を抜く、洗う、の作業。
●魚が入荷したらすぐに行なう。
●用意するもの……調理バサミ、ウロコ引き、竹串

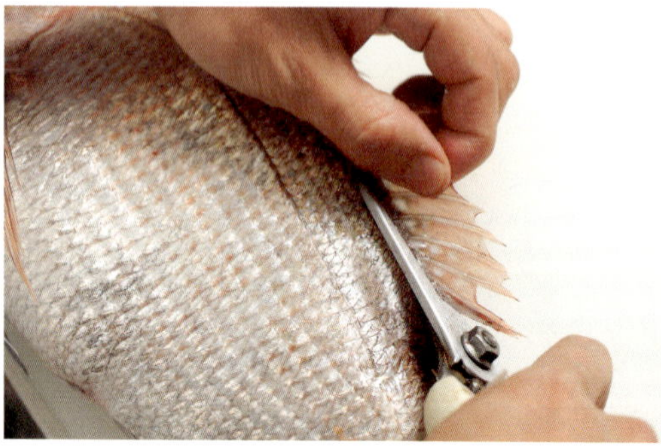

1 尾ビレ以外のヒレをすべて切り取る。
●たいのヒレはかたく尖って刺さりやすい。また、オコゼのようにヒレに毒をもつ魚もあるので、注意する。
●ヒレの根元まで切り残しがないように。

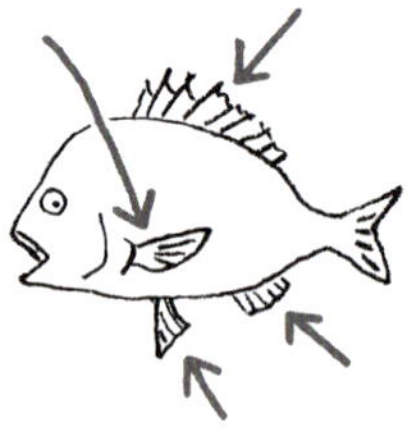

2 ●尾から頭に向かって、ウロコ引きで魚の表面をなぞり、ウロコをとる。
●ウロコが飛ぶので、作業はシンクの中で行なうとよい。
●包丁を使う場合は、刃を垂直に立てて魚の表面をなぞる。

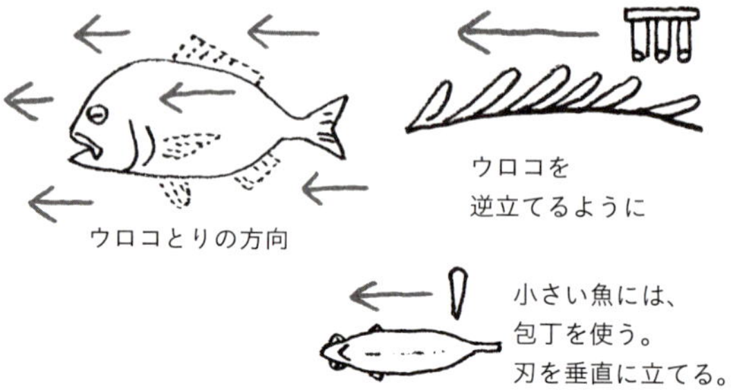
ウロコとりの方向
ウロコを
逆立てるように
小さい魚には、
包丁を使う。
刃を垂直に立てる。

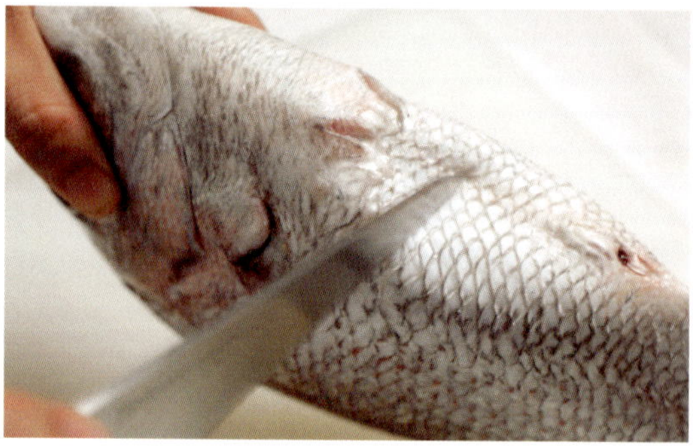

3 側面は、包丁の刃先でなぞってウロコをとる。
●とくに尾の周り、腹の下はウロコを残しやすいところ。必ず刃先でなぞってチェックする。

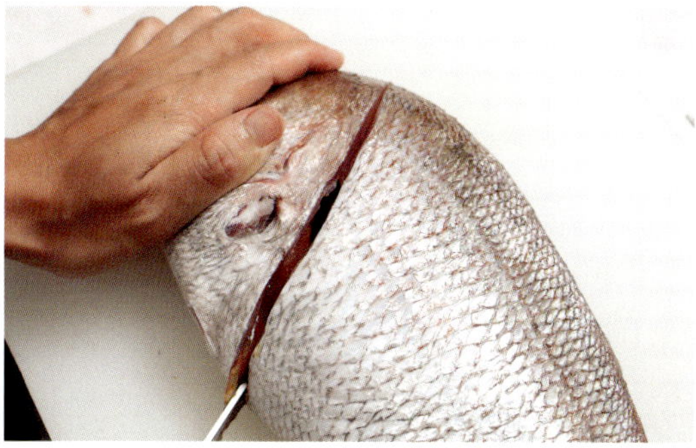

4 頭〜胸ビレの付け根〜腹に斜めに包丁を入れる。腹側は内臓を切らないよう浅めに、背側は半分の深さまで切る。
●中サイズ以下の魚なら、このまま頭を切り離す（内臓はつけたまま）

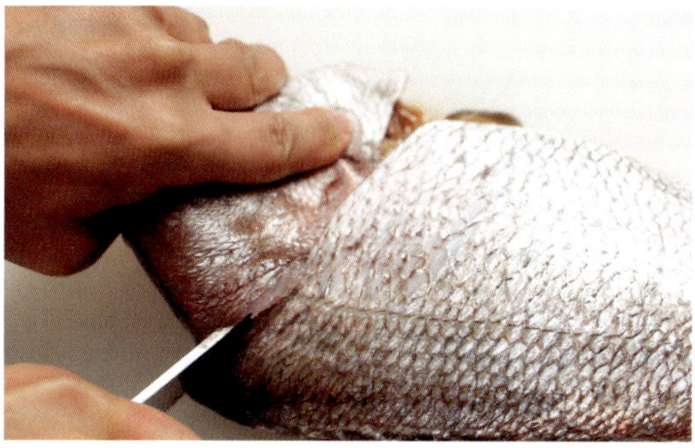

5 裏返し、腹側から包丁を入れ、頭を切り離す。
●ここでも腹は浅めに切って内臓を切り離さないように。

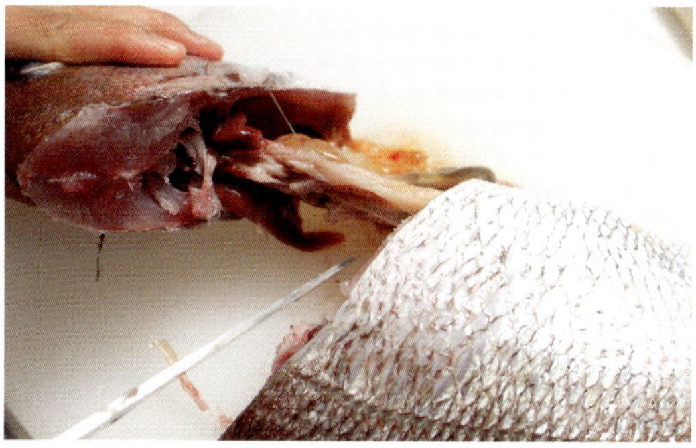

6 頭を離しながら内臓を引っ張ってぬく。

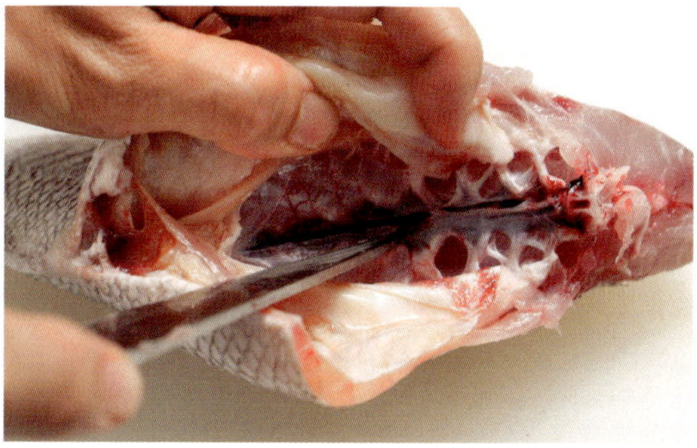

7 腹を手前にして肛門まで切り開き、中に刃先を入れて、内臓の薄皮を切る。
●薄皮の裏にある中骨に沿って切る。

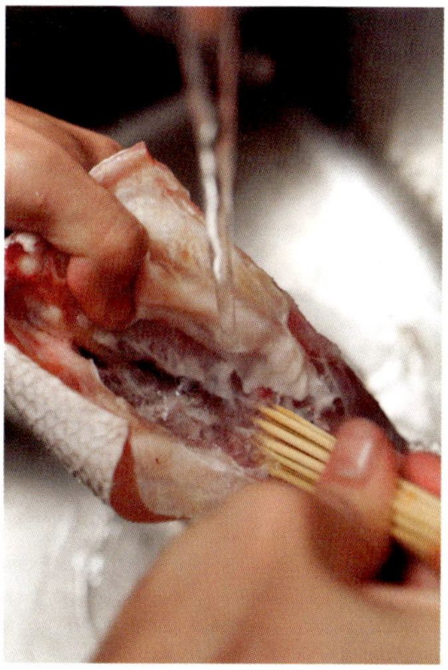

8 蛇口の下で腹の中を洗い、血をきれいに洗う。
●腹骨の周囲に血が残っているので、束ねた竹串でかき取る。

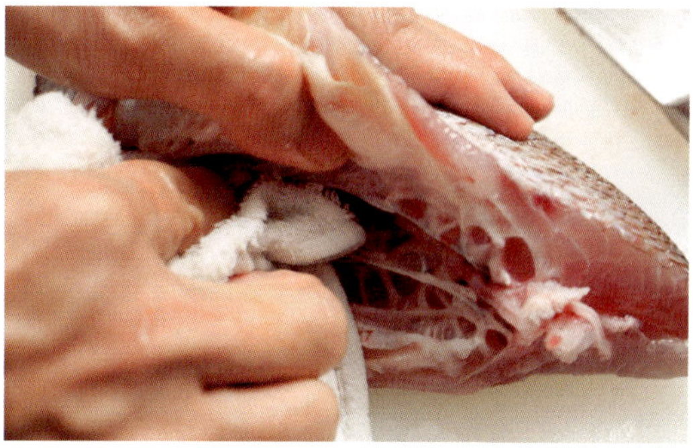

9 魚の表面、腹の中の水気を布巾でぬぐう。

CHECK そうじした魚の保管

●熟成のために1〜2日間熟成させる場合は、フィレにおろさず、骨付きで保管するのが望ましい。

●腹にキッチンペーパーを入れ、身に密着させる。ペーパーが余分な水分や残った血を吸い取ってくれる。外側もおおう。

●ラップフィルムで包む。冷蔵庫に保管する。
●その日使う予定のものはフィレにおろして保管、使わないものは骨付きのまま保管するのが理想的。包丁を入れると、そのぶんいたみも早くなるため。

三枚におろす

- そうじした魚から、上下 2 枚のフィレをとる作業。
- 中骨に沿って両側の身を切り離す。できるだけ骨に身を残さないこと。
- 用意するもの……小骨抜き、水をはった小ボウル

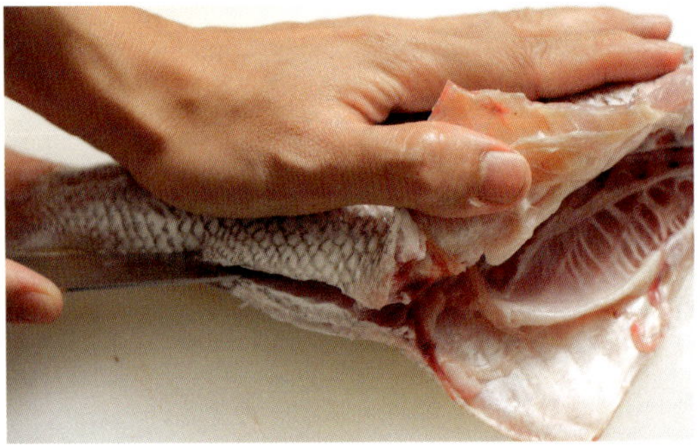

1 腹を手前、尾を左に置く。頭の切り口から刃を入れ、中骨の上をはわせるように、尾に向かって切り進む。刃入れを繰り返し、背骨までの身を切り離す。

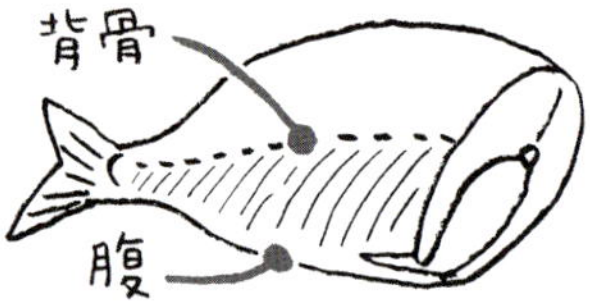

腹～背骨まで──切り離す範囲

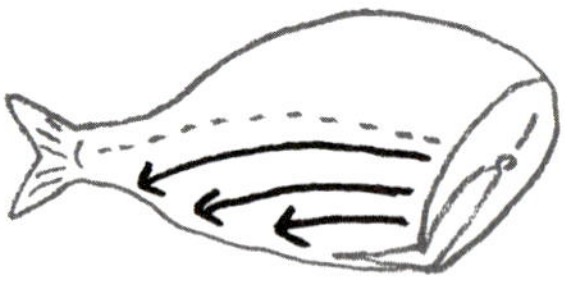

●刃入れ（頭→尾）を何度か繰り返し、少しずつ奥に切り進む。

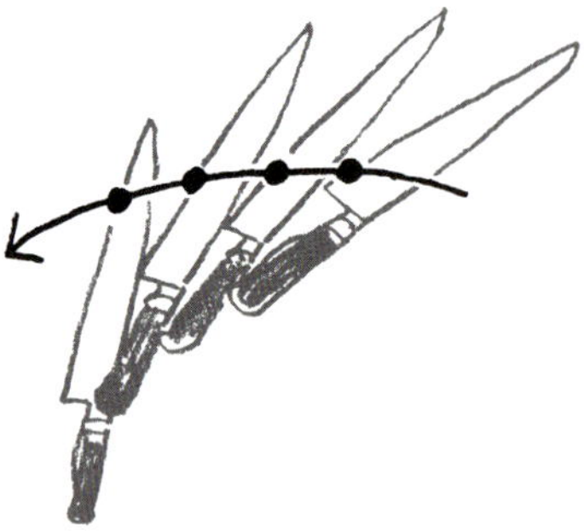

●刃渡りを長く使って切る。

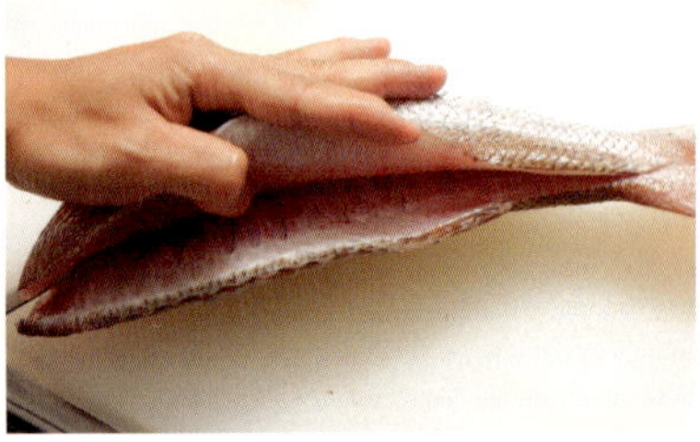

2 腹を向こう側にする。尾ビレの付け根から頭に向かって刃を進め、身を切り離す。
●包丁に骨があたる感触をたよりに、中骨にそって刃を進める。

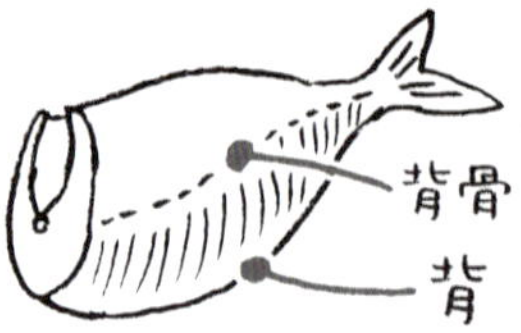

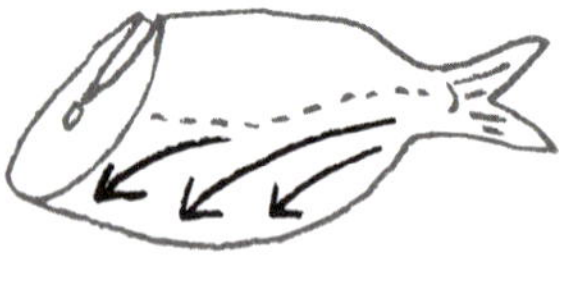

●刃入れ（尾→頭）を何度か繰り返して、奥に切り進む。

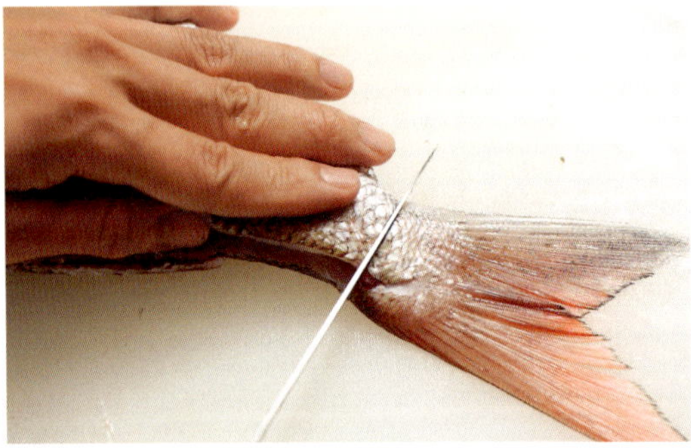

3 背骨まで身を切り離したら、尾のキワに切り目を入れる。

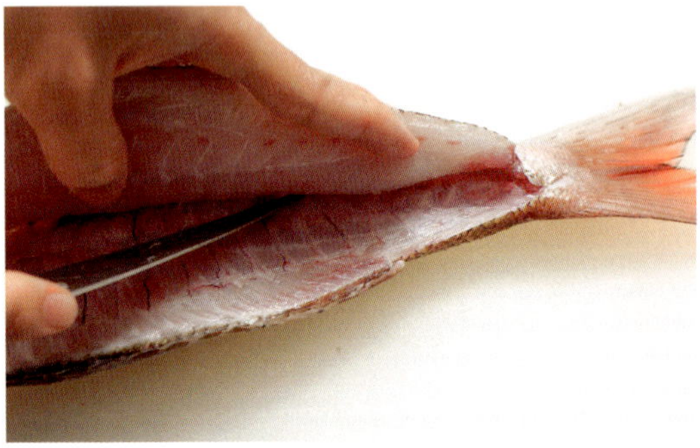

4 切り目の下に刃を入れ、背骨の真上を切り離していく。身割れしないよう、ていねいにあつかう。

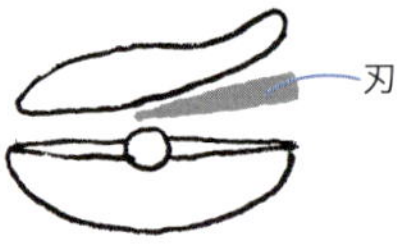

横から見ると

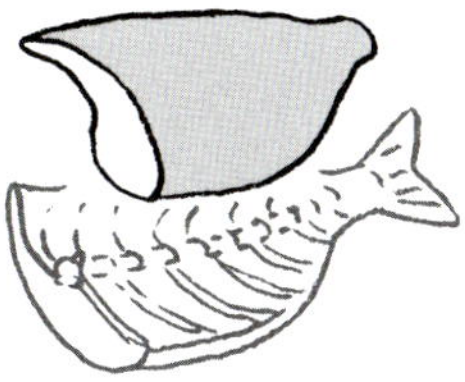

5 身がほぼはずれたら、刃の向きを変えて尾のキワを切り離し、身をはずす。

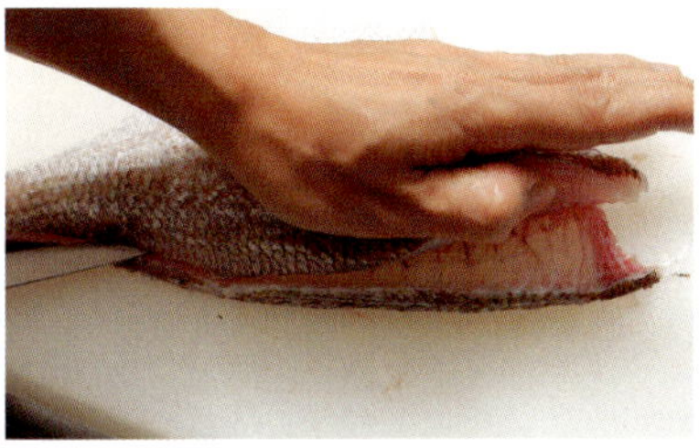

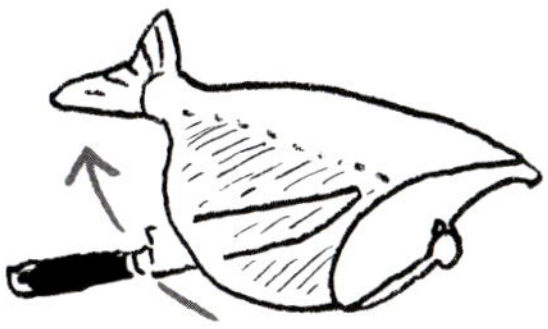

6 魚を裏返し、背を手前に置く。頭の切り口から刃を入れ、中骨の上をはわせるように切り進む。
●刃入れ(頭→尾)を何度か繰り返し、背骨まで身を離す。

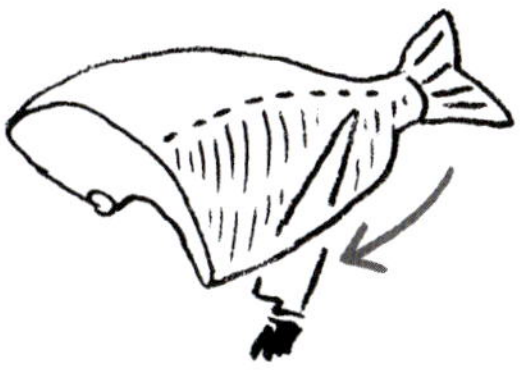

7 腹を手前に。尾から刃を入れ、中骨まで切り進む。
●刃入れ(尾→頭)を何度か繰り返し、背骨まで身を離す。

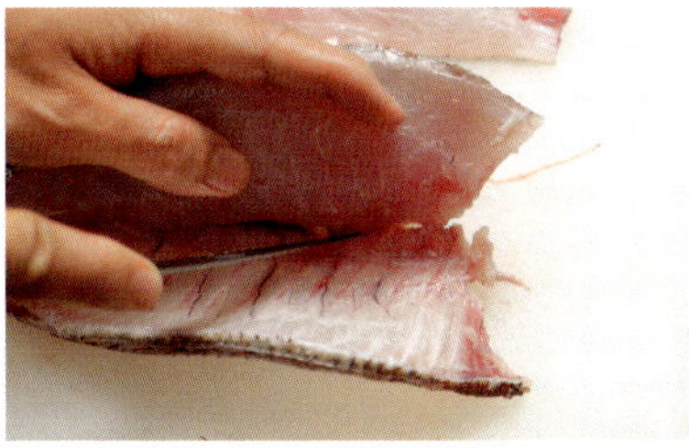

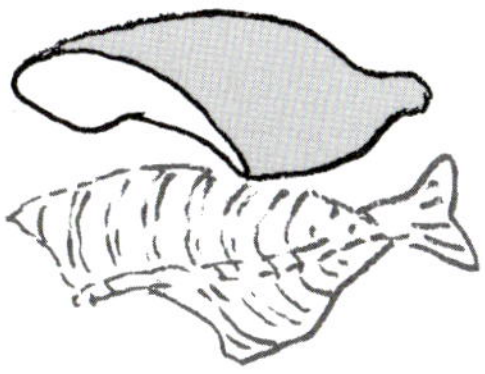

8 再度背を手前に置いて、背骨の真上に刃を入れて(頭→尾)、身を切り離す。

9 三枚におろし終えた状態。

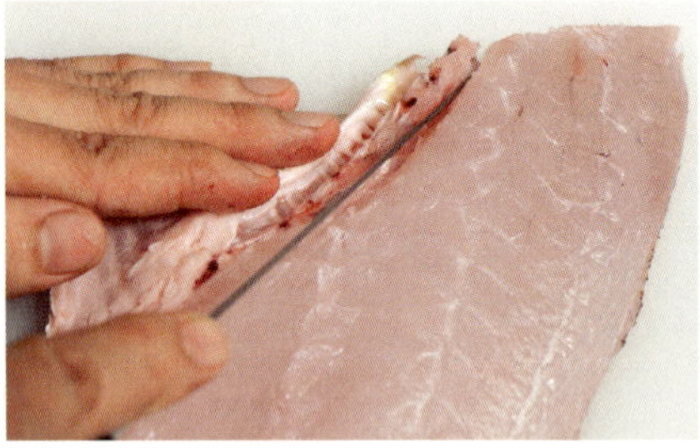

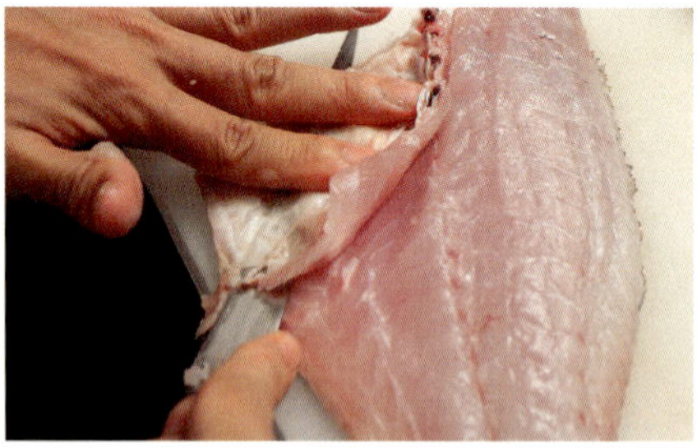

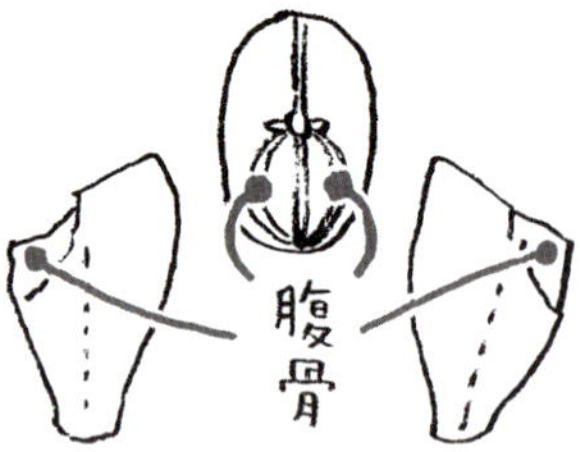

10 フィレから腹骨を切り取る。包丁の刃をねかせて腹骨の下に差し込み、腹骨をそぎ取る。
●両フィレとも同様に。

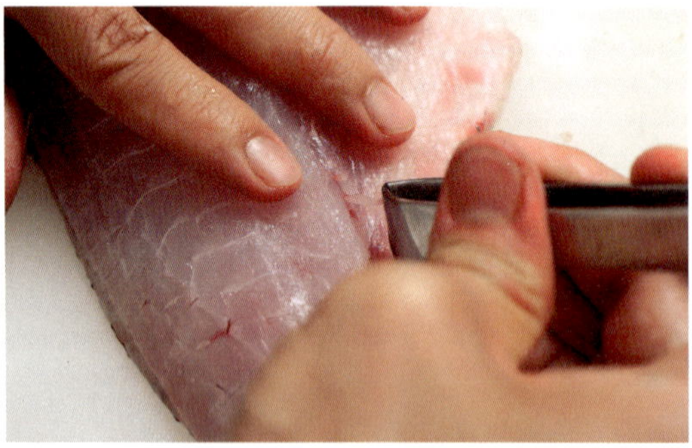

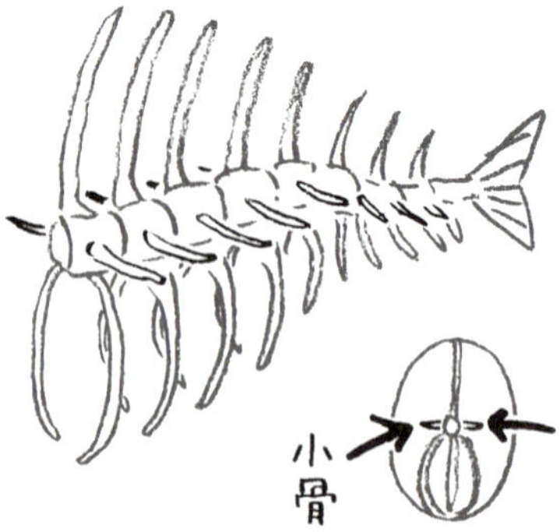

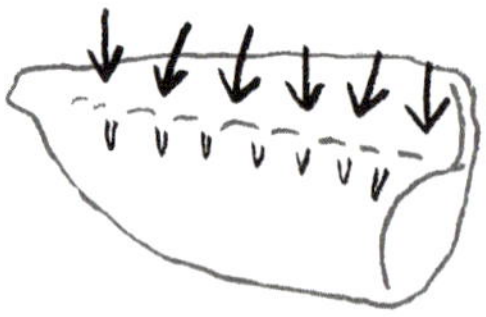

11 身の中心線に沿って残る「小骨」を、骨抜きで抜く。
●左手の指を骨の脇に添え、身くずれを防ぎながら抜く。

抜いた小骨は、
水をはった
ボウルの中へ。

CHECK

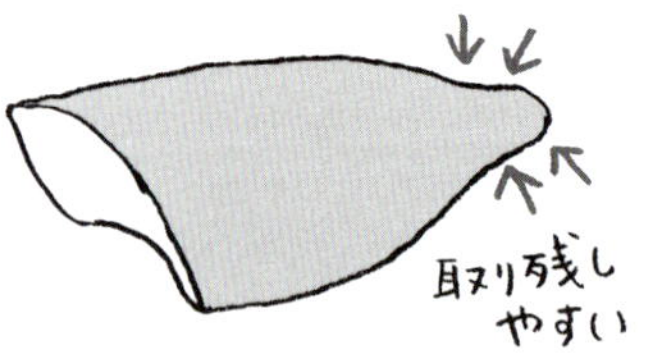

ウロコの取り残しはないか。

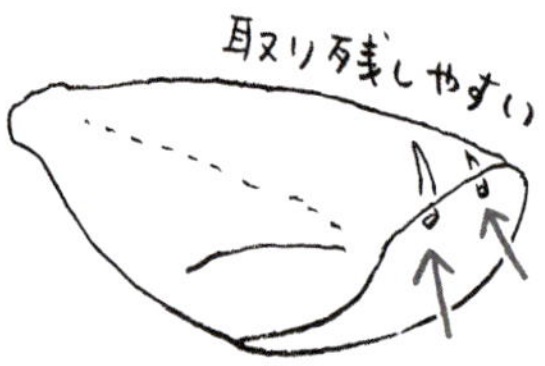

骨の取り残しはないか。

●フィレがとれたら、骨やウロコの取り残しがないかを確認する。とくに尾の周囲（ウロコを残しやすい）、頭の切り口（頭を落としたときの骨の一部が残りやすい）は要チェック。

フィレのあつかい

フィレの保管

●おろしたフィレは、乾燥しないように紙とラップフィルムで包み、使用時まで冷蔵庫で保管しておく。

1 キッチンペーパーにフィレをのせ、身全体を包み込む。
●市場用の「マグロ紙」が使えれば理想的。吸水加工シートも効果が高い。通常のペーパータオルでもよい。

2 上からラップフィルムでぴったりと包む。冷蔵保管する。
●さらに身を切り分けて保管する場合は、紙を敷いたバットに切り身を並べて、ラップフィルムをかけるとよい。

皮を取る

●皮が不要な場合は、フィレから取り除く。写真はさけ（サーモン）の例。
●皮と身の間に包丁の刃をあて、左手で皮を引っぱりながら身から切り離す。
●あてる刃の角度によって、切り取る皮の厚さを調整する。
●用意するもの……ソールナイフ

1 フィレの端（尾の付け根）に、皮のぎりぎりまで切り込みを入れる。皮を切らないこと。

2 左手で皮の端をおさえ、**1** の切り込みから、刃をねかせ気味にして入れる。

3 刃の角度を一定に保ち、左手で皮を引く。
●身と皮の間に血合いがある。血合いごと皮を取る場合は、刃は若干ねかせ、皮から少し浮かせたところにあてる。
●皮だけを取る場合は、刃を立て気味にして皮にあてる。

4 そのまま皮を引きながら身を皮から切り離す。
●身質に合わせ「切る」と「引く」のバランスをとる。とくにサーモンのような身がやわらかい魚は、刃はあてるだけでほとんど動かさず、皮を引くことで切る。

舌びらめ

sole ソール

●平たい魚 poisson plat のひとつで、下処理に独特のフォーマットがある。
●身に包丁を入れる前に皮をはぐ。片面の黒い皮は厚いので必ずむく。反対面の白い皮は料理によっては残す場合もある。大型の舌びらめは、白い皮もかたいのでむく。
●料理に応じたさまざまなおろし方がある。よく使うのは「五枚おろし」。そのほか「三枚おろし」や「観音開き」などもポピュラー。
●有名な「舌びらめのムニエル」は、伝統的には黒い皮だけをむき（白い皮は残す）、頭と骨も付けたまま調理する。焼きあがりを食卓に披露し、サービスマンが客前で身をはずして皿盛りするため。

ドーバーソール

舌びらめ（日本産）

ドーバーソールの皮をはぐ

●ドーバーソールはヨーロッパ産の大型の舌びらめ。
●身も皮も厚く、しっかりしている。皮はかたいので両面ともはがす。

1 最初に黒い皮をはぐ。尾ビレの付け根に包丁の刃先で軽くキズをつける。

2 キズの脇を刃先で軽くこすって、皮をけずる。
●皮をむく「きっかけ」をつくるため。

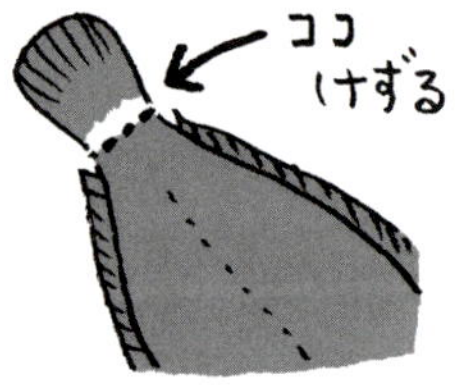

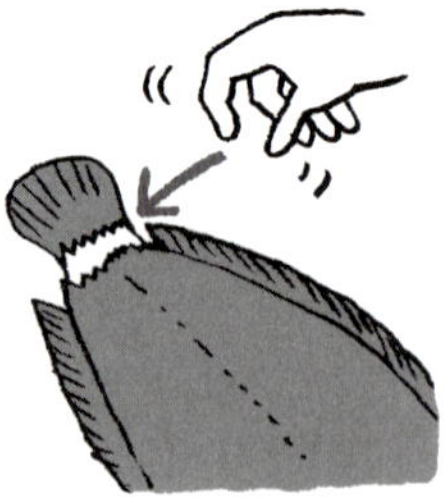

●「きっかけ」を爪でひっかいて皮をめくり、

●めくれた端を指でつかみ、皮をはぐ。

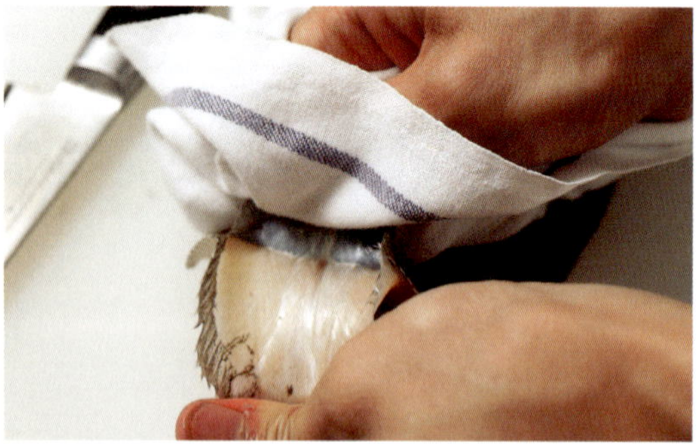

3 左手で尾をつかみ、右手には指がすべらないよう布巾をあてて皮の端をつかみ直し、皮を引きはがす。

4 左手のひらで身をしっかりと押さえ、頭まで一気に引きはがす。

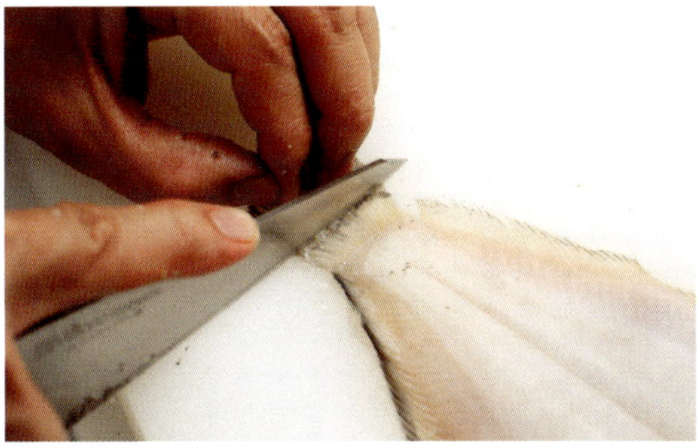

5 身を裏返し、白い皮の尾近くに刃先でキズをつけ、その脇を軽くこすって皮を削る。

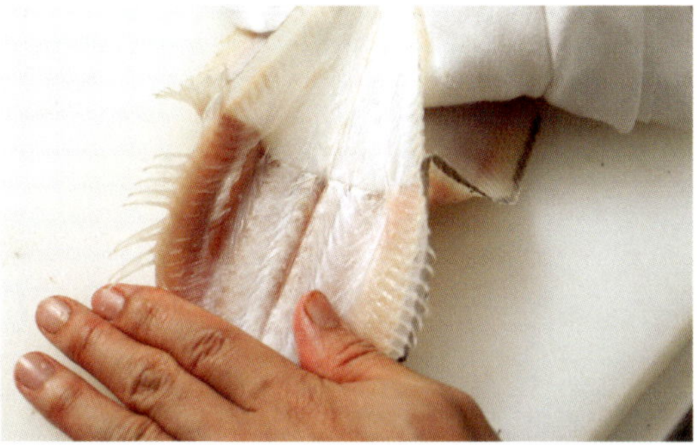

6 削ったところから皮をむき、布巾をあてた指でつかんで引きはがす。

7 両面の皮をはいだ状態のドーバーソール
●この状態から、（頭と内臓をつけたまま）五枚おろしにすることができる（p62参照）。作業効率がよく、何度も水洗いせずにすむので、身が水っぽくならない。

CHECK 国産舌びらめの皮むき

●日本の舌びらめはクチビルから皮をむくことができる。

1
左手で口を押さえ、すべり止めの塩をつけた右手でクチビルから皮をはがす。

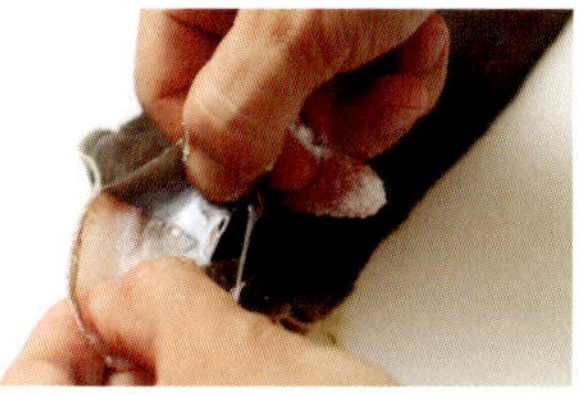

2
左手で頭をしっかりとおさえ、尾まで一気にはがす。白い皮も手順は同じ。

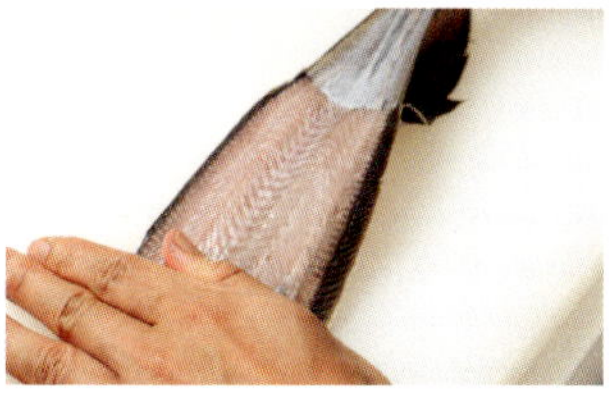

❖ 内臓を抜く場合（ドーバー、国産とも）

●フィレにおろす前に内臓を抜く場合には、頭ごと落とす方法と、頭をつけたまま抜く方法がある。

1 内臓（透けて見える）から頭にかけて斜めに切り落とす。切り口から内臓を取り出す。
●頭を残す場合はエラぶたのところに切り込みを入れ、指を入れて内臓をひっぱり出す。

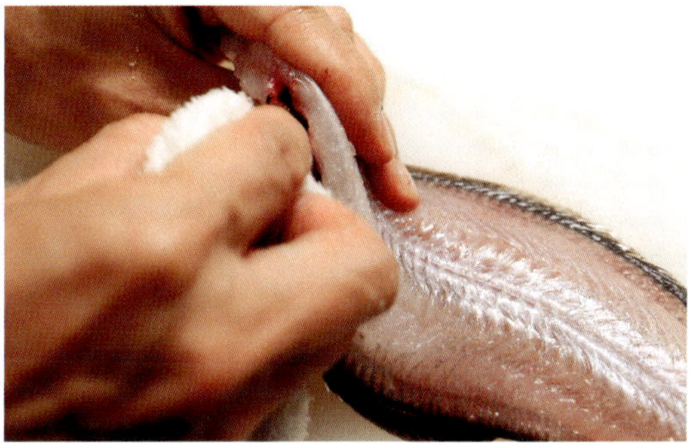

2 腹の中を水で洗い、布巾できれいにぬぐう。

五枚におろす

●以下は、頭と内臓つきドーバーソールから計 4 枚のフィレをとる方法（頭、内臓を抜いたものも作業は同じ）。
●頭、内臓つきで五枚におろすと、水洗いの手間がはぶけ、身を水につけなくてすむ。
●よくしなる包丁の刃を身にあて、なめらかに切り取る。強く力を入れず、刃渡りをいっぱいに使うこと。
●用意するもの……ソールナイフ、調理バサミ

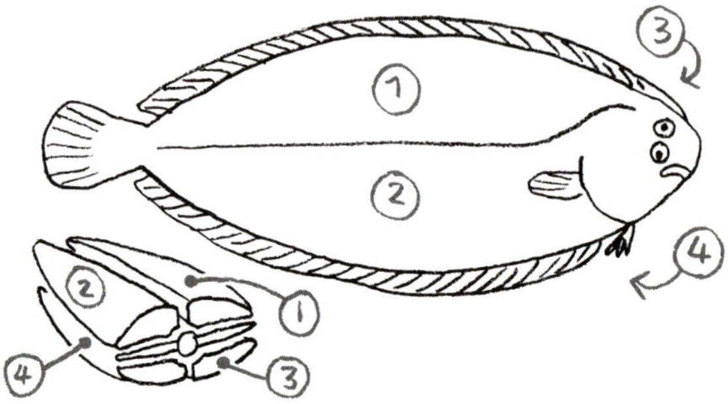

1 両サイドについているヒレを、それぞれ尾側からハサミで切り取る。

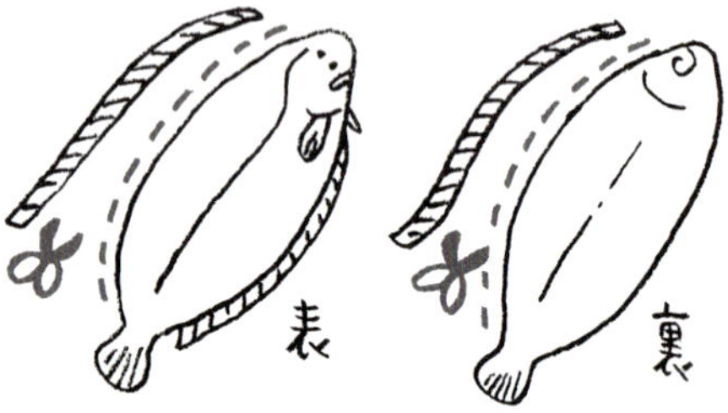

2 身の厚い面を上に、頭を向こうにして置く。身の中心線に沿って、エラから尾にかけて、中骨の深さまで切り込みを入れる。

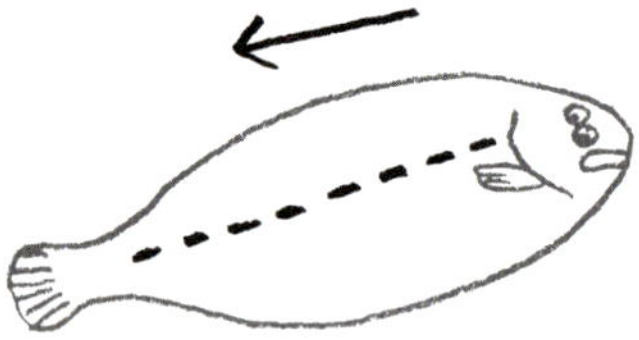

3 切り目に刃を入れ、身を切り離していく。
●身の下に刃をもぐりこませ、骨の上をなぞるようにすべらせながら切る。
●刃の動きは頭→尾。これを繰り返し、少しずつ身を切り離す。
●添えている左手で身をめくりながら。

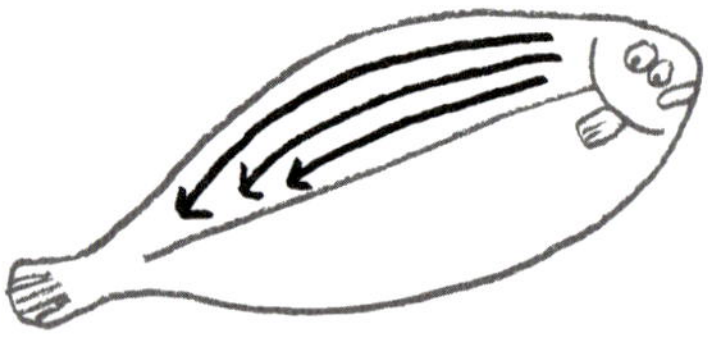

刃の動きは、頭→尾。

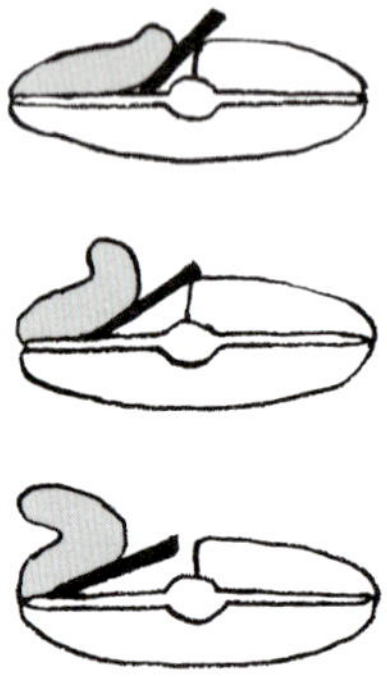

身の中心→外側に。

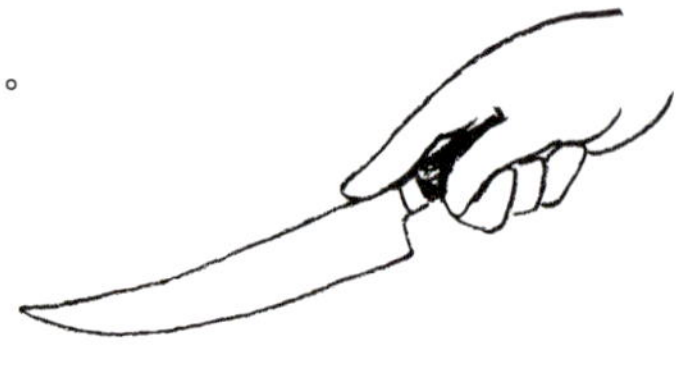

刃をしならせ、刃渡りを長く使って

4 エンガワまで切り進み、身を切り離す。

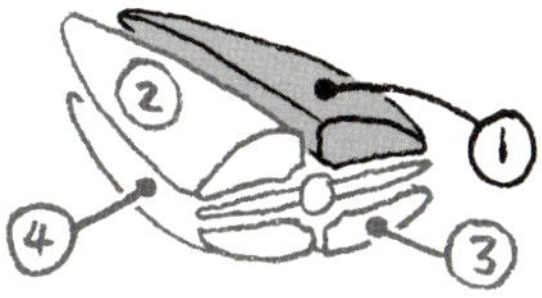

●１枚目のフィレがとれる

5 頭を手前にして置き直す。左側の身の下に刃を入れ、身を切り離していく。

6 中骨に包丁の腹をあてながら、尾→頭に刃を進める。何度も繰り返し、エンガワ方向に切り進む。

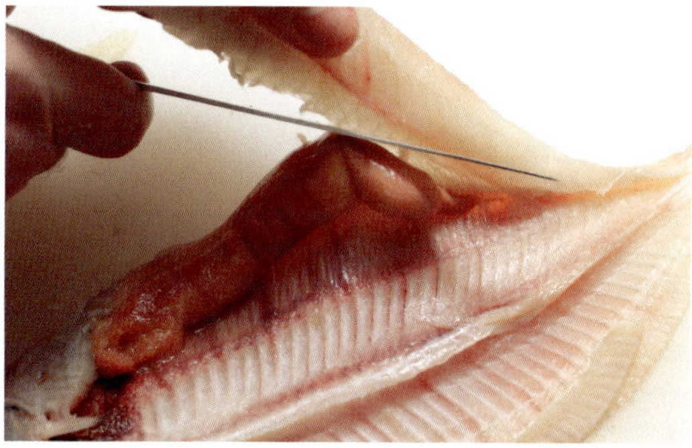

7 内臓を傷つけないようにしながら、身を切り離す。

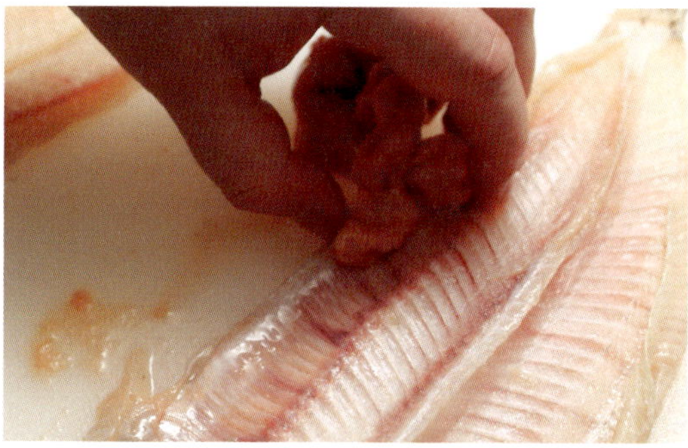

8 内臓をきれいに取り除く。

9 身を裏返し、頭を向こうに置く。**2**と同様に中心線に切り込みを入れる。

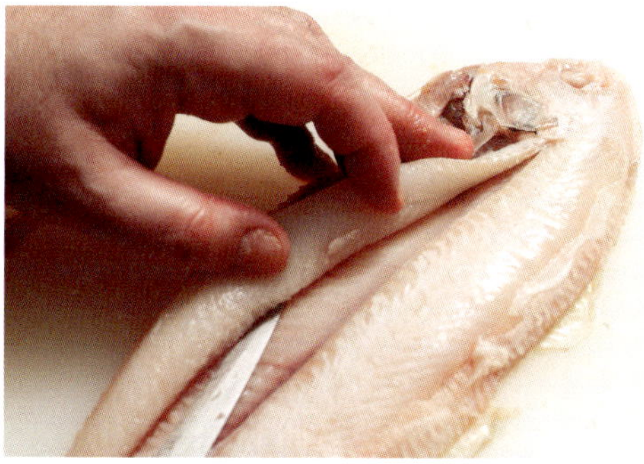

10 **3**と同様にして、身を切り開いていく。
●エンガワ近くに内臓があるので、傷つけないように注意する。

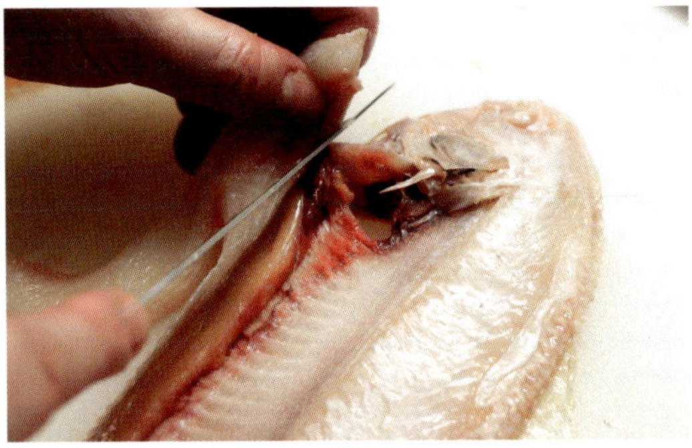

11 エンガワのところで身を切り離す。

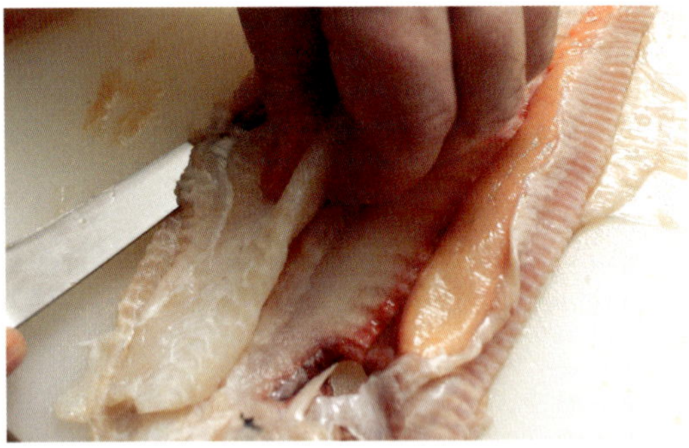

12 頭を下にして置きなおし、残った左側の身を切り取る。

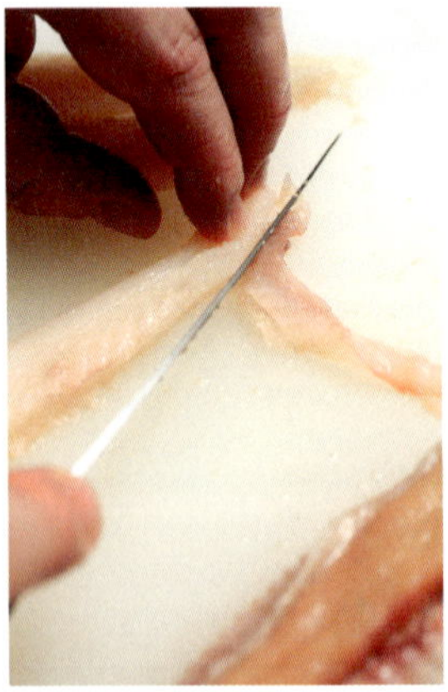

13 切り取ったフィレから
エンガワを切り取る。
●エンガワはアラと
して、フュメをとるの
に使う。

14 そうじを終えた4枚のフィレ。

❖ アラの処理

●白身の魚のアラは、水でさらして血や臭みを抜き、魚のだし（フュメ・ド・ポワソン）の材料にする。
●香りのよいフュメをとるために、しっかりと血を抜くことが大切。

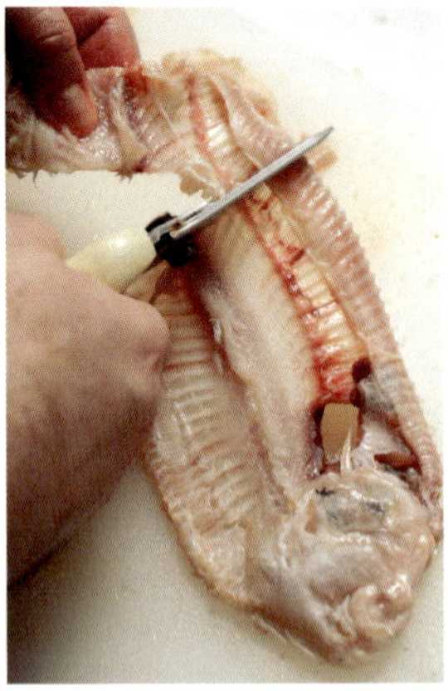

1 白身の魚のアラを、包丁や調理バサミで小さく切り分ける。

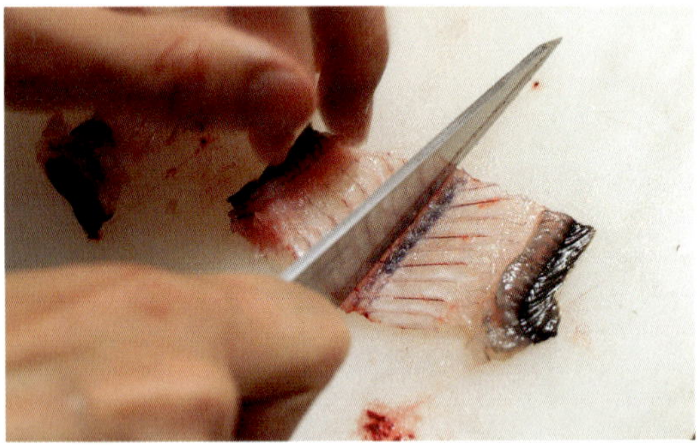

2 背骨に血抜き用の切り目を入れる。可能なものは骨をタテ半分に、骨が太いものはところどころを包丁で叩いて切り目を入れる。

3 ボウルに入れ、4～5分間、流水にさらす。
●蛇口から細く水を落とし、ボウル内でたえず水が循環する状態にしておく。

オマール

homard オマール

●オマール、伊勢えびはとくに鮮度が重要な素材。活けであることが大前提で、死んだものは調理に適さない。
●活オマールが入荷したら、海水に浸した新聞紙で巻いておく。
●可食部のメインとなるのは尾（クー queue）とハサミ（パンス pinces）。頭からは風味の豊かなフォンがとれる。殻や脚もフォンの材料にする。
●メニューに応じて下処理の段取りをする。事前に身の分割・下ゆで・フォンの準備を行なっておく場合と、その場で活オマールから一気に料理に仕上げる場合がある。

オマールを分割する

●頭（と脚）、尾、ハサミに分ける。
●生きたままあつかうのでハサミに手を挟まれないよう（入荷時は太い輪ゴムなどで留めてある）注意する。

1 オマールの頭をつかむ。

2 他方の手でハサミの付け根をしっかりと握り、ねじりながらはずす。

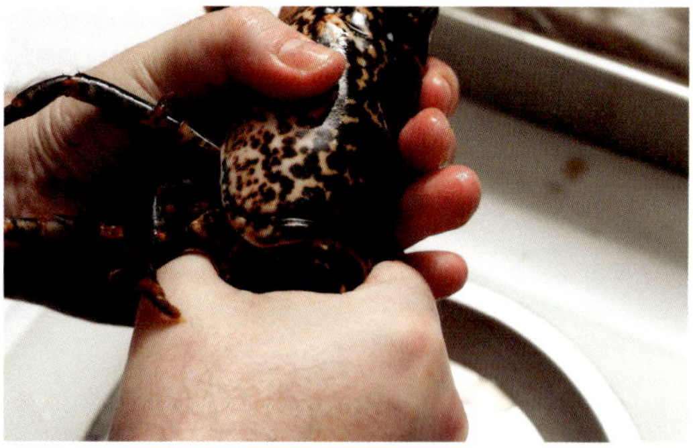

3 頭と尾のつなぎ目を、慎重にねじりながら両者を分ける。

4 分割したオマール。
●尾とハサミにはすぐに火を入れる（下ゆで、または本調理で）。生のまま保管しないこと。

オマールをゆでる

- 分割した尾とハサミをゆでる（下ゆでする）。
- ゆで身をそのまま使う場合はもちろん、殻付きでソテーしたりフリカッセにする場合も、下ゆでは必要になる。
- ゆで加減は、素材の質やその後の調理方法に応じる。
- 用意するもの……竹串

1 尾をまっすぐにゆで上げるため、殻と身の間に竹串を1～2本挿す。
●矯正用の串を通さずに加熱すると、内側の身が収縮して曲がり、かたくなる。

2 沸騰した湯で、ゆでる。
●ゆで時間はオマールの種類、大きさ、状態、料理の目的に応じて（ブルターニュ産は1～2分間、カナダ産なら3～5分間が目安）。ブルターニュ産はぎりぎりの火入れにして旨みが引き立つが、カナダ産は完全に火を通したほうがよい。

3 ハサミもゆでる。それぞれ引き上げる。
●ハサミは火が通りにくいので、ゆで時間は2分半～5分間を目安に。
●引き上げたらその後の本調理に応じて、氷水にとる（本調理で再加熱する）か、常温で（再加熱しない）冷ます。

殻をむく

- ゆでたオマールの殻をむく。殻のかたいオマールは、かならず加熱してから殻をむく。

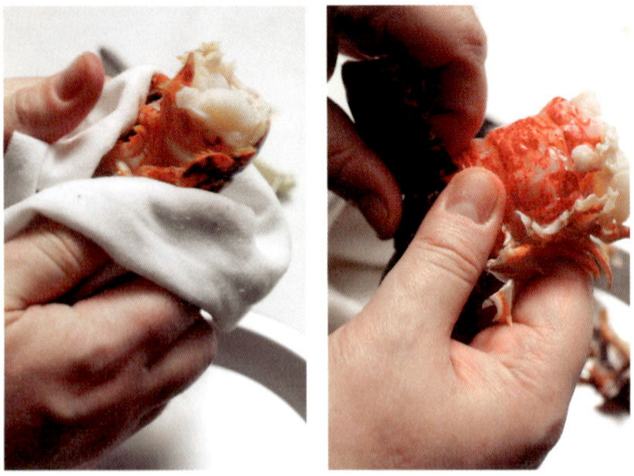

1 尾の殻を割る。布巾で包みこんで両手で持ち、両側から圧力をかけて殻を割る。殻をはずす。竹串も取る。

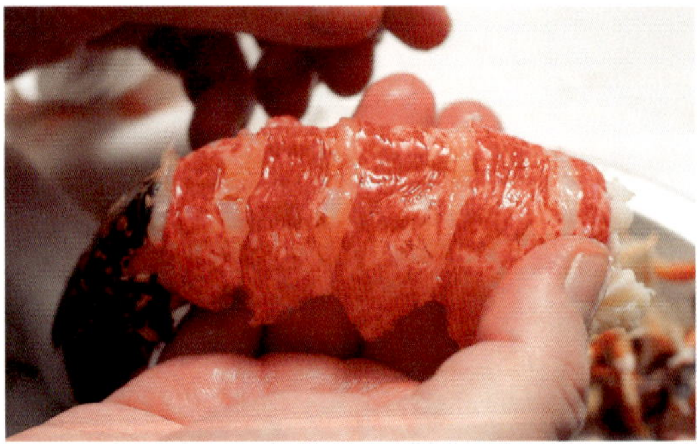

2 芯を半生ぎみに加熱した状態。透明感が少し残っている。

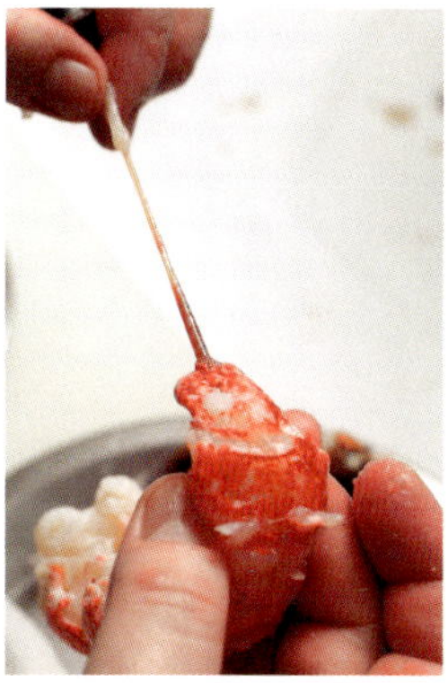

3 尾の先から、背ワタを抜く。

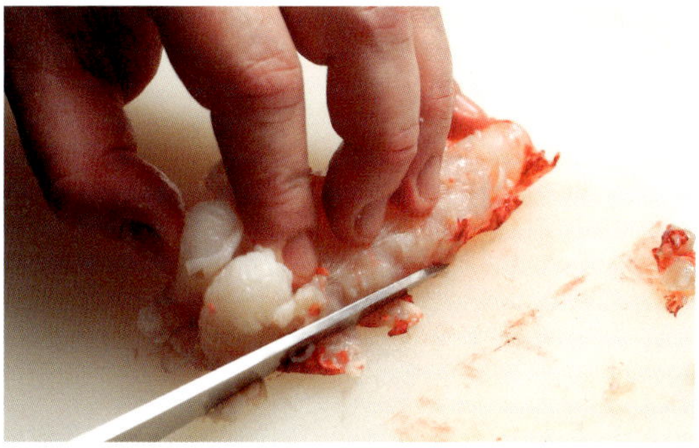

4 身の両サイドのビラビラを切り落とす。

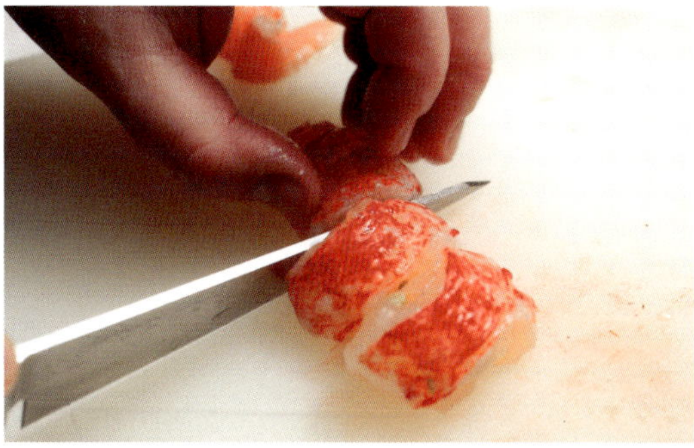

5 事前に切り分けまで行なう場合は、バットにとり、ラップフィルムをかけて使用時まで冷蔵庫で保管する。

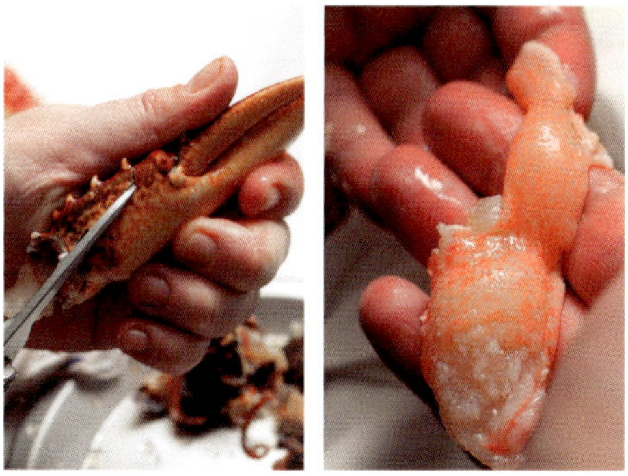

6 ハサミは関節でねじって、ハサミと腕に分ける。ハサミの殻の脇を切り開き、身を取り出す。
●同様に、腕の殻の脇を切り開き、中身を取り出す。
●ハサミの中心に入っている軟骨は抜く。

頭と脚の処理

●オマールの頭からは風味豊かなフォンやソースがとれる。
●ポーション単位でその場でソースに仕立てる場合と、毎回冷凍ストックしておき、ある程度の量が集まったらフォンをとる場合がある。すぐに使わない場合はコライユを別にして、コライユバターなどに加工する。

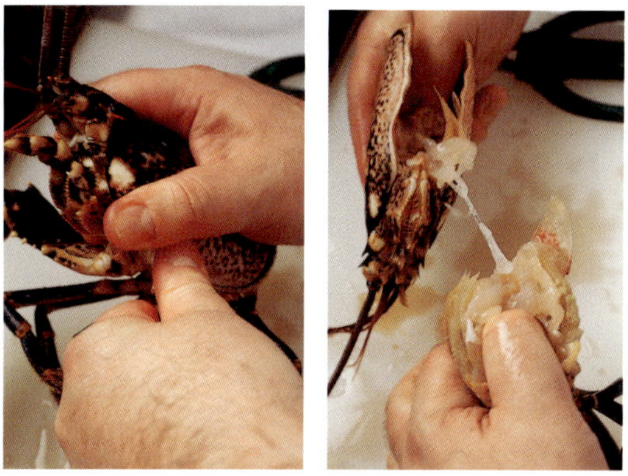

1 頭部から脚をはずす。頭の殻をはがす。
●目の裏あたりに砂嚢がある。苦みがあるので必ず取り除く。コライユも別にする。

2 殻はすべて調理バサミで小さく分ける。脚も適宜切り分ける。

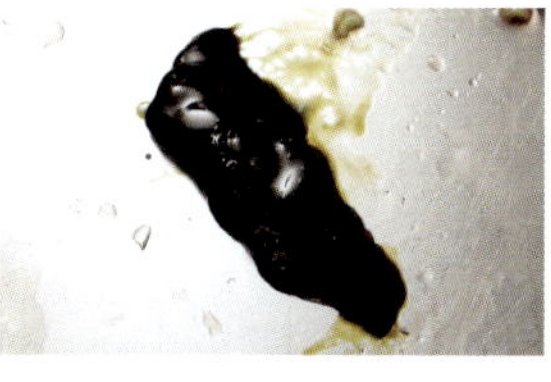

●生のコライユ（内臓のひとつ。生殖巣）。加熱すると一瞬できれいなオレンジ色になる。複雑濃厚な旨みがあり、ソースに奥行きを与えてくれる。
●バターと練り合わせて冷凍すると、保存しやすく、使いやすい。

ほたて貝

coquille Saint-Jacques

コキーユ・サンジャック

- フランス料理では、貝柱の部分だけを料理に使う。
- ヒモや内臓類はだしをとるのに使う。
- 貝殻を盛りつけ時に使う場合は、きれいに洗う。

貝柱のそうじ

noix de coquille Saint-Jacques

ノワ・ドゥ・コキーユ・サンジャック

- 貝殻を開けて貝を取り出し、ヒモや内臓や薄皮を貝柱と分ける作業。
- ヒモ類は、だし（フュメ・ド・サンジャック）用に取り置く。殻の中の汁も、フュメに加えるので取り置く。
- 用意するもの……ペティナイフまたはパレットナイフ

1 布巾をのせた左手に、蝶つがいを向こうにして貝殻をのせる。右サイドにナイフの先を差し込み、ナイフをひねって殻をこじ開ける。

左の親指を差し込んで、殻が閉じないようフォローする。

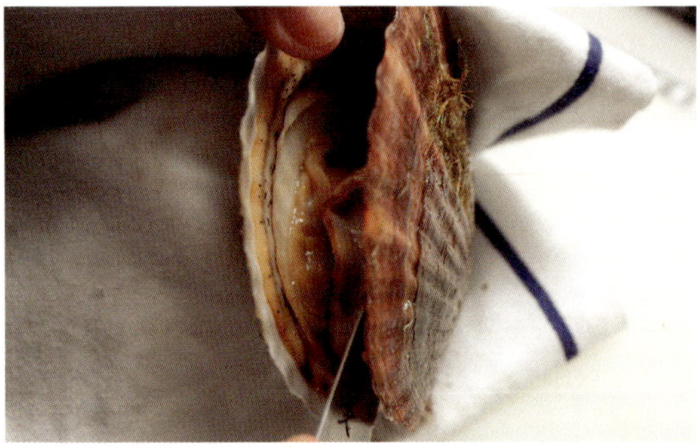

2 殻を開けたら、上蓋についたヒモなどをはがす。

3 下の殻からスプーンで身をはがして、汁ごとボウルに入れる。

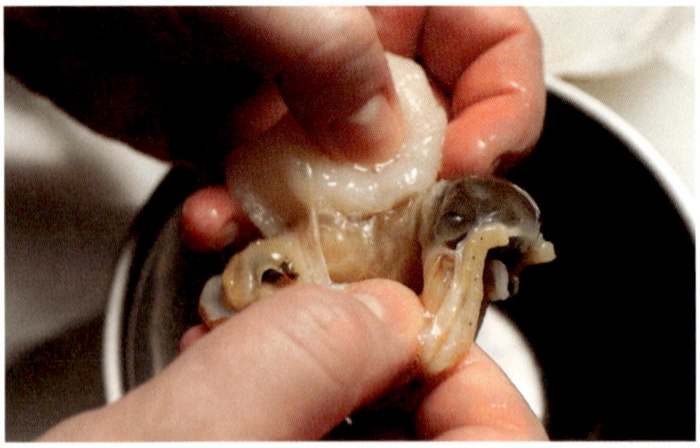

4 貝柱から、ヒモと内臓をはずす。貝柱についた薄膜もはがす。
●はずしたヒモ類と汁は、フュメの材料とする。

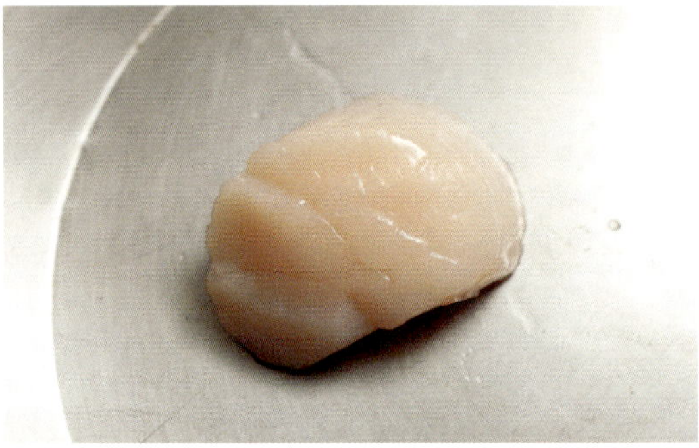

5 きれいにそうじした状態。

ムール貝

moules ムール

●エシャロット、バターなどとともに白ワイン蒸しにする「マリニエール風」が、もっともポピュラー。鍋に出たスープとともに楽しむ。
●殻ごと調理する料理なので、殻自体をきれいにそうじしておく必要がある。

殻のそうじ

●基本は水洗い。殻をこすりながらよく洗う。
●以下は、その他のポイント。

1 殻から外側に出ている足糸（そくし）。

2 足糸を引っ張って取り除く。
●取ったらすぐに調理しなければならない。

3 貝の表面についたフジツボやよごれなどは、ナイフでこそぎ取る。

殻をこすり合わせながら、水でよく洗う。

殻の開け方

●取り出した身だけを調理する場合の下処理。
●用意するもの……ペティナイフまたはパレットナイフ

1 布巾をあてて左手でつかみ、ナイフを殻の間に差し込み、ひねりながらこじ開ける。

かき

huître

ユイットル

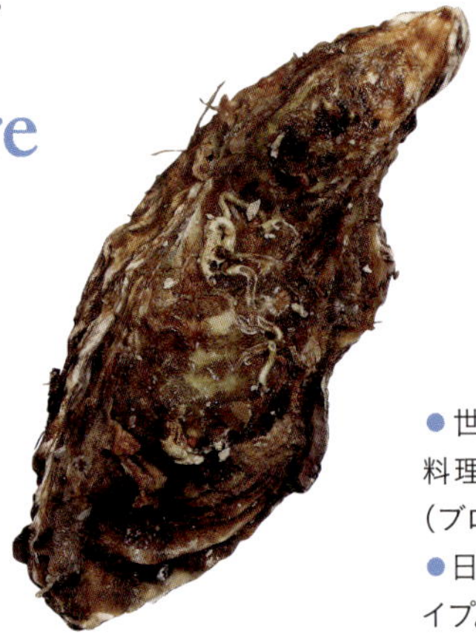

●世界中にさまざまな品種がある。フランス料理では、くぼみがき（真がきなど）と平がき（ブロンなど）の２タイプに大別している。
●日本の真がき、岩がきは「くぼみがき」のタイプ。

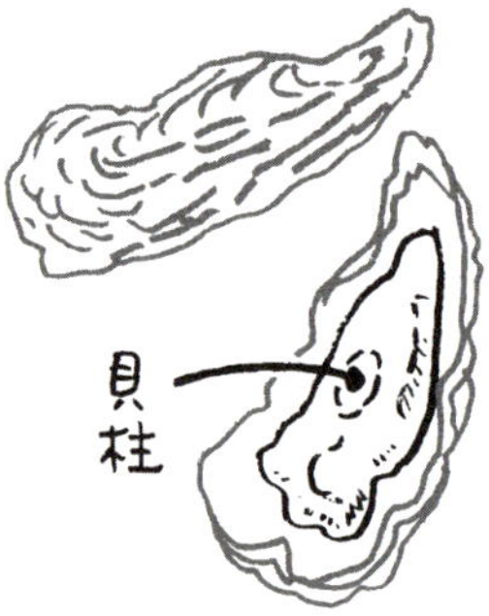

殻を開ける

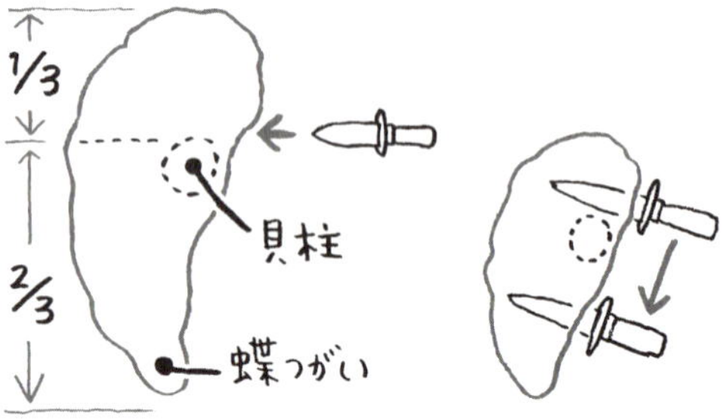

●貝殻はしっかりと閉じているので、開け方にはコツがいる。貝柱の場所に見当をつけて、殻と殻の間にナイフを差し込み、ナイフをずらして貝柱を殻から切り離す。貝柱が切れると、口が開く。
●用意するもの……オイスターナイフ（刃が厚手で短く、柄も頑丈）、軍手または布巾

1 平らな殻を上に、蝶つがいを手前にして、布巾で挟み、台に置く。しっかりと左手でつかんで押さえる。右サイド上方の殻の間にナイフをこじ入れる。
●ナイフをもつ手にはかなりの力が必要。手がすべると危険なので、押さえ手には必ず布巾をあてるか軍手をはめる。

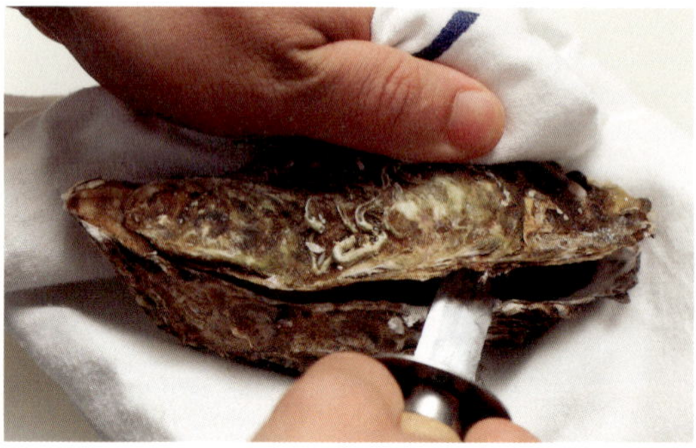

2 ナイフを殻の内側にあて、ひねりながら手前に動かして、貝柱を蓋から切り離す。

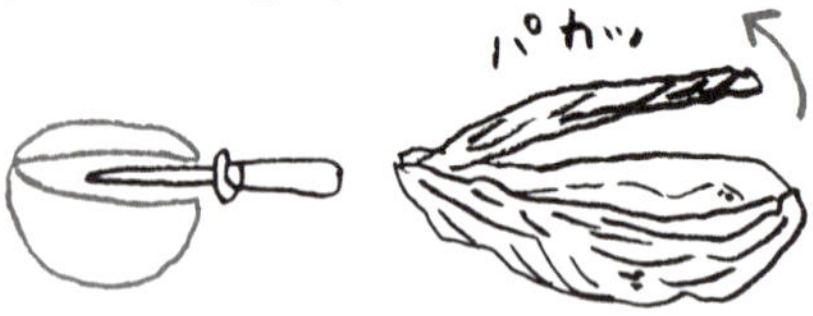

蓋の裏をなぞりながら刃を進める。

3 手で殻を開ける。
●殻の破片が中に入らないように注意する。

4 身の下にナイフをあて、貝柱をはずしながら殻から身を取り出す。
●殻の中の汁は取り置いて、料理に使う。

かきの殻開け：フランスではこの方法も

フランスでは、小ぶりのカキは「蝶つがいの付け根」にナイフを差し込むのが一般的です。「殻のヘリ」からこじ開けるのに比べて、殻のくずれがなく、ケガもしにくく、作業自体もスピーディーです。

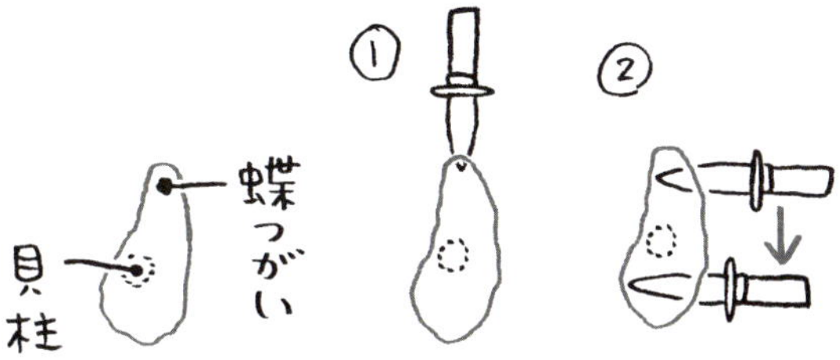

1 平らなほうの殻を上に、蝶つがいを手前にして左手でしっかりと押さえつける。蝶つがいの付け根に刃先を差し込み、ナイフをひねりながら殻を少し浮かせる。

2 ナイフを殻の下に差し込み、反対側までスライドさせて殻をはずす。

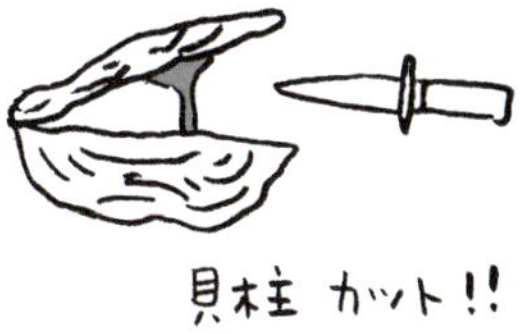

●最初に蝶つがいを切り離すことで、殻はスムーズに開く。ナイフをすべらせながら、貝柱をカットする。

3 殻のへりを壊さずに開けることができる。殻のかけらも身に混ざらない。

こっそり
フー

肉

viandes et volailles

肉をあつかう

viandes ヴィアンド / volailles ヴォライユ

●肉の下処理には、骨から肉をはずす、脂やスジを掃除する、大きな塊を小さくする、脂肪と赤身のバランスを考慮して切り整える、スムーズに火入れできるよう形を整える……などの作業がある。
●下処理には水は使わない。水に浸けたり、ぬらしたりしないようにする。
●冷蔵庫から出したばかりの冷たい状態で作業を行なう。とくに脂肪の多い肉は、温度が上がると作業しにくい。

肉をさばく包丁

●さばき包丁（骨スキ包丁）●
出刃包丁のひとつ。厚めの片刃で、骨を切ったり間接をはずすときに使う。フランスのデゾッスール désosseur に相当。

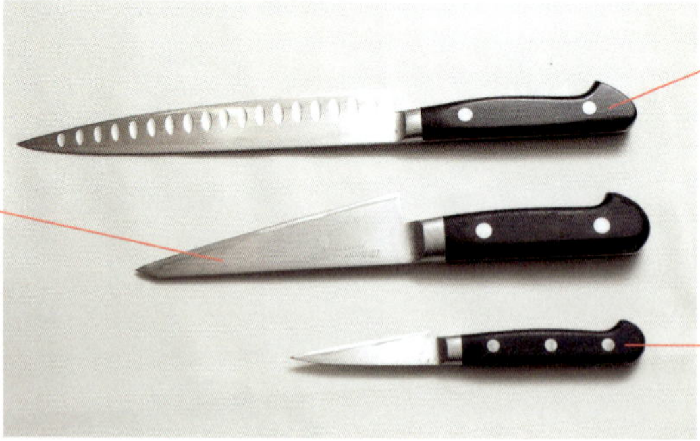

●牛刀●
基本的な万能包丁。フランスのトランシュール trancheur に相当。

●ペティナイフ●
クトー・ドフィス couteau d'office。刃渡りの短い包丁。

基本の道具

●チョッパー●
太い骨を切り離す。

●調理バサミ
（剪定用ハサミを使用）●
仔羊のあばら骨を切るなどに。

●タコ糸●
調理用のもめん糸。肉の形を整えるために縛ったり、一部を縫いつけたりするのに使う。

●ブリデ針●
肉を糸で縫いつける際に使う。ブリデ brider は「縫う」の意味。

牛フィレ肉

filet de bœuf フィレ・ドゥ・ブフ

●「フィレ」は、牛サーロインの芯にあたる部位。脂肪分は少なめで、肉のきめがこまかく、上品な味わい。フランス料理では最高級の食材のひとつ。

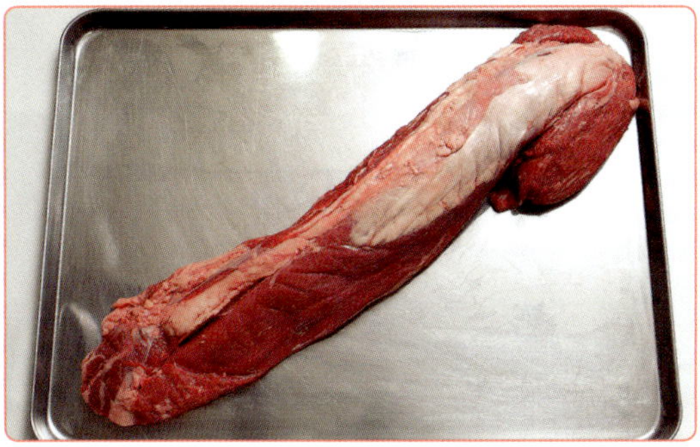

●牛のカッティング法は国により流儀が異なる。日本では、肉の周囲の脂肪を除いた写真のような状態で入荷することが多い。ここからさらに余分なスジなどをそうじする。

●先端には、赤身の塊がついていて、これもポーションとして使う。

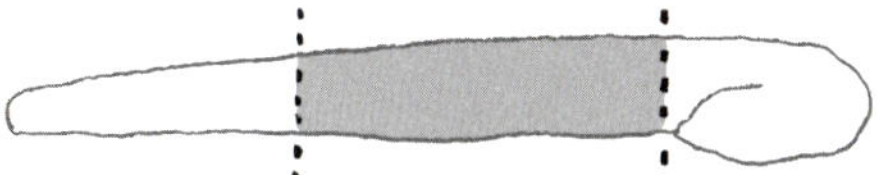

もっとも上質な部位
=
シャトーブリアン chateaubriand

❖ フィレ肉のそうじ

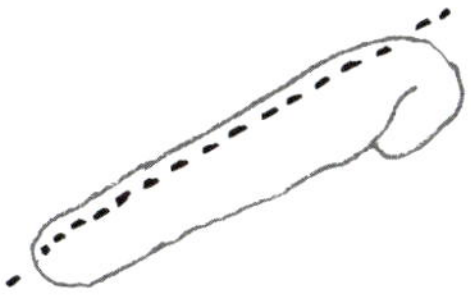

●片側面についている「ひも」状の太いスジと脂肪を切り取る。

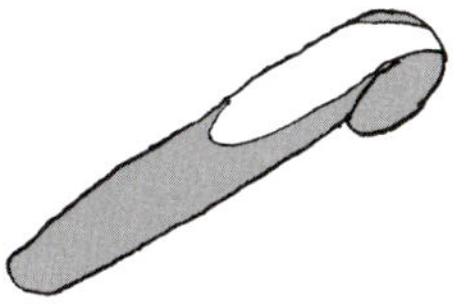

●表面をおおう「薄膜＝スジ」をはがす

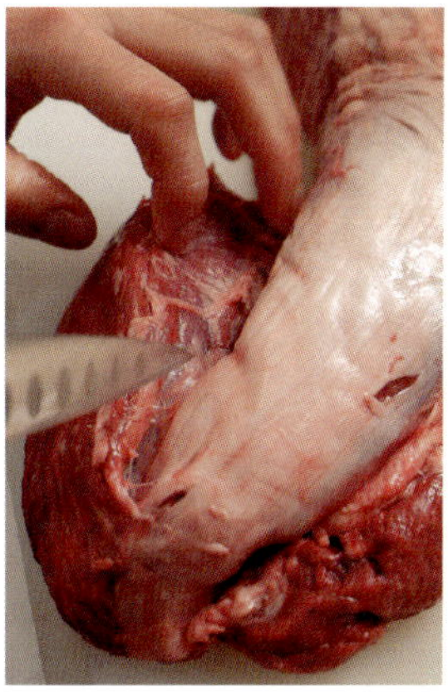

1 先端にある赤身の塊と、表面の薄膜との境目を切り開き、内側に食い込んだスジや脂をそぐ。

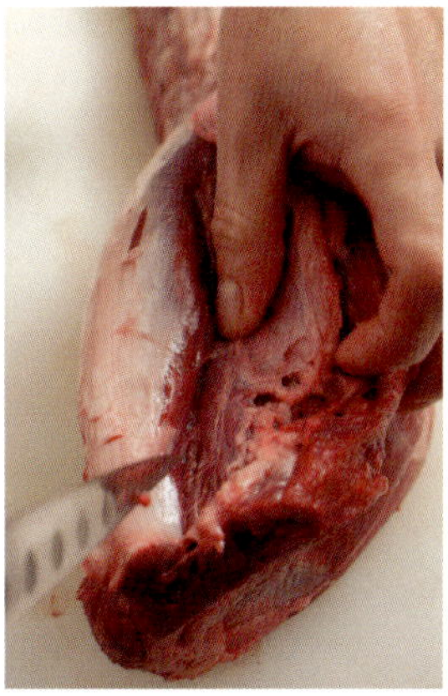

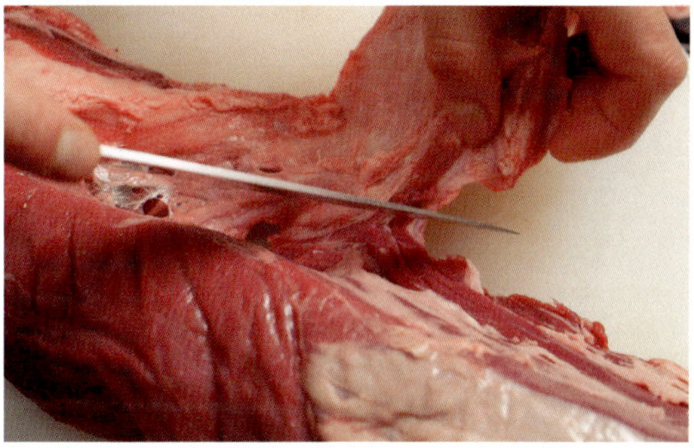

2 赤身の片側にはり付いた「ひも」を切り取る。
●ひもは、太いスジと脂肪でできている。
●スジがしっかり張りついているので一度では切り離せない。太いスジと赤身の間に包丁を入れて半分はずしてから、切り取るとよい。

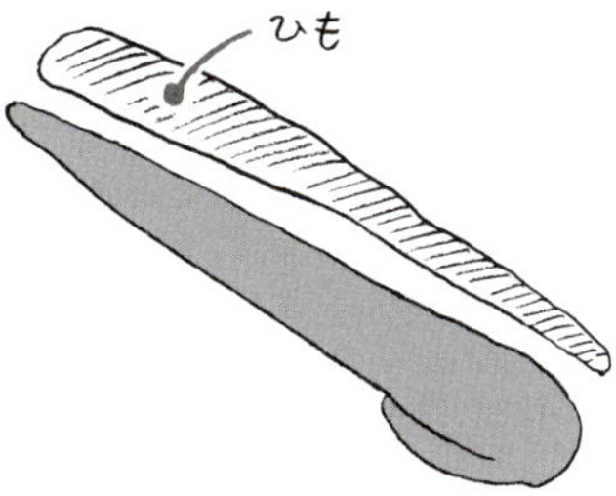

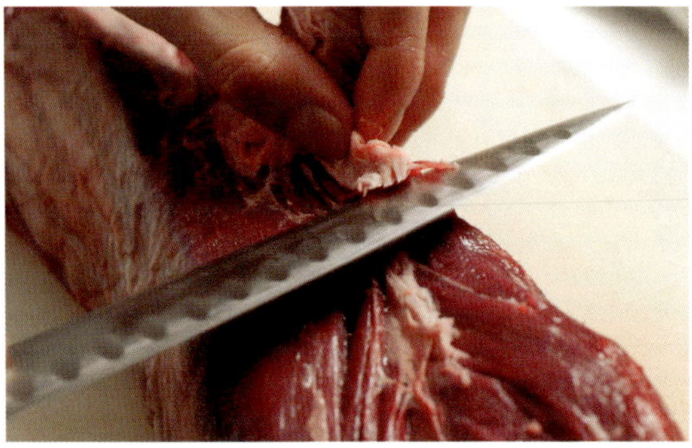

3 スジの取り残しも、ていねいに切りはずす。

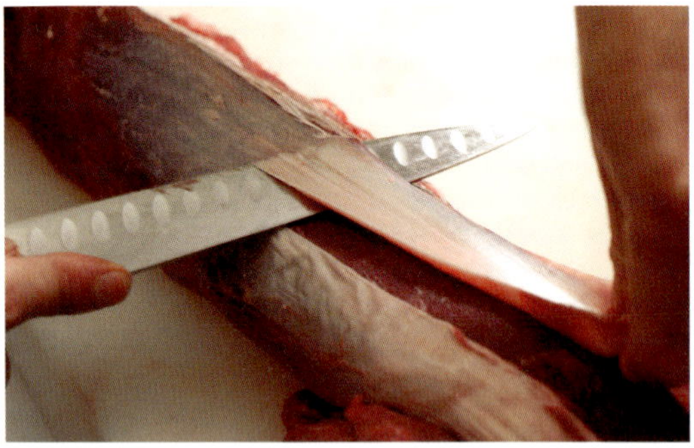

4 フィレの表面をおおう薄膜をはずす。包丁の刃をねかせ、薄膜の端をひっぱりながらそぎ取る。

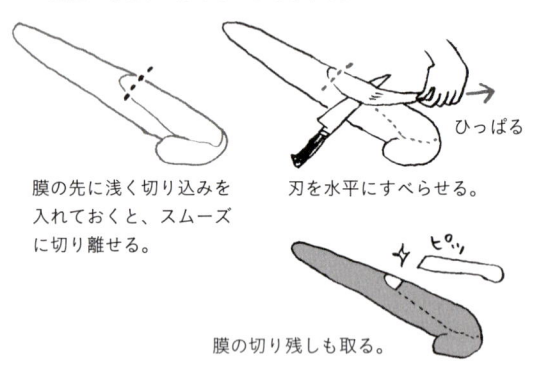

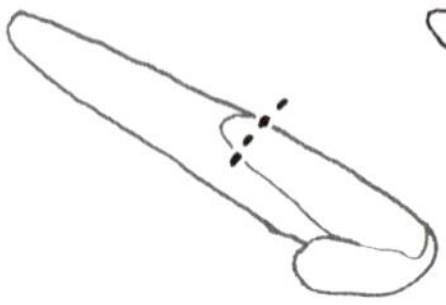

膜の先に浅く切り込みを入れておくと、スムーズに切り離せる。

刃を水平にすべらせる。

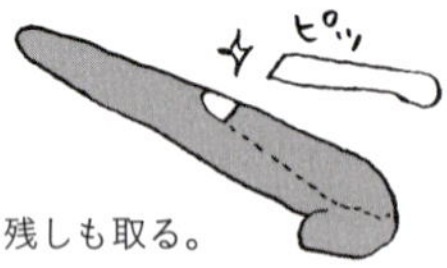

膜の切り残しも取る。

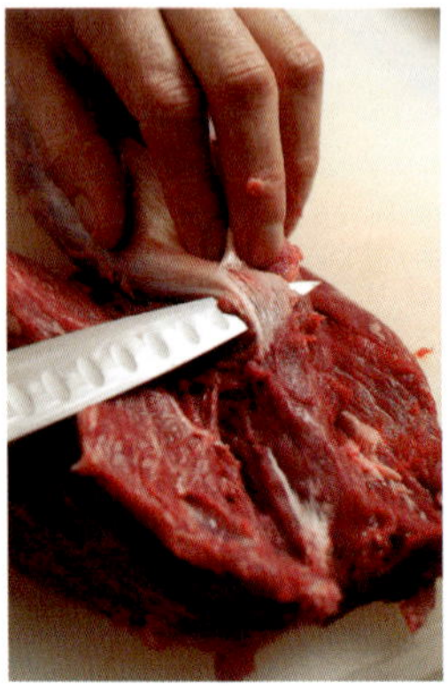

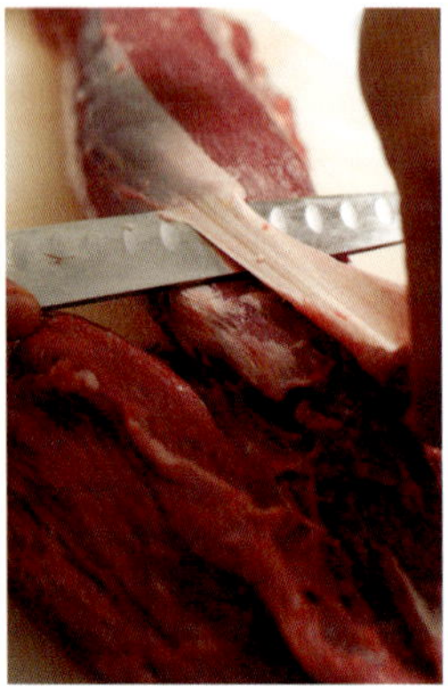

5 肉の各所に残ったスジ、薄膜、脂肪をそぎ取る。
●裏や脇の部分も、ていねいに。
●薄膜をそいだことで表面がささくれだったところは、肉を薄く削って整える。

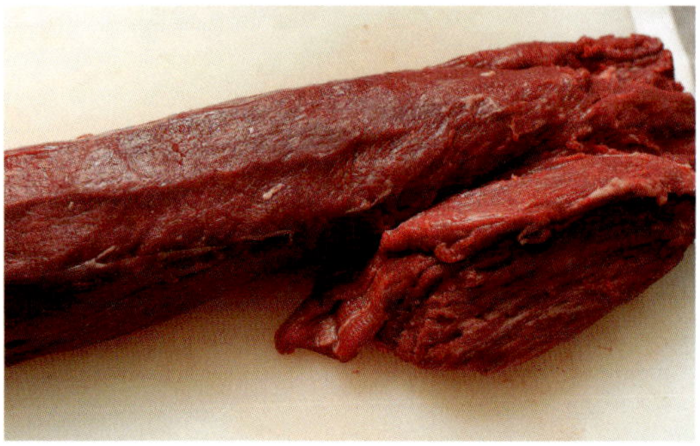

6 きれいにそうじした状態。

フィレ肉の塊をフィスレする

●フィスレ ficeler とは、ひもでくくる、という意味。肉の塊をローストしたり煮込んだりする際、調理中に形がくずれないよう糸で縛ること。
●牛フィレの扱い方として一般的なのは、
①片端に付いた塊肉は切り離す（別に使う）。身の細いところを折りたたんで糸で巻き、太さも均一にする。
②フィレ肉中央のシャトーブリアンと他の部分を分けて、それぞれ別に使う。

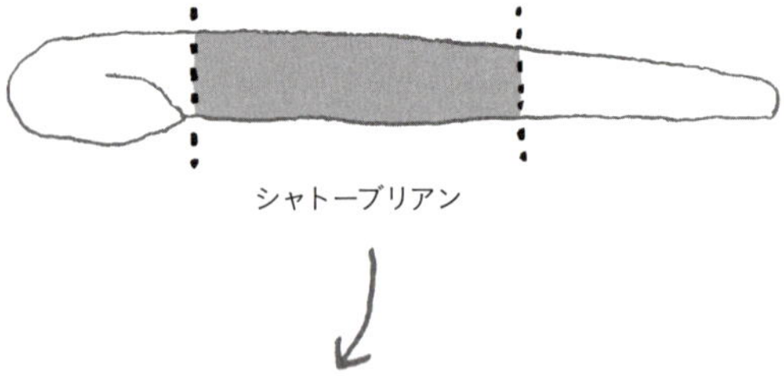

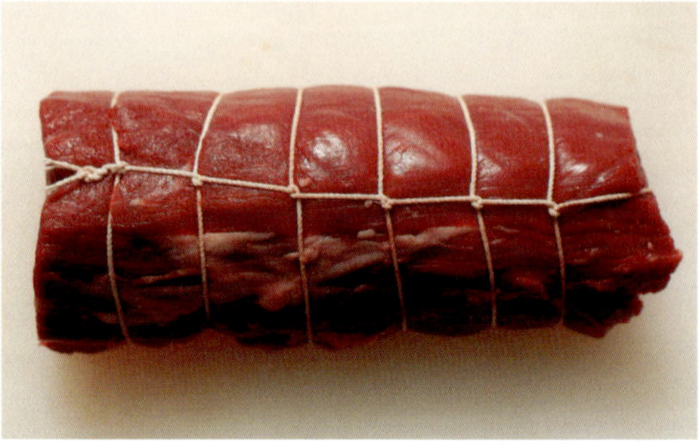

●フィレ肉中央のシャトーブリアンをフィスレしたもの（p77参照）。
●糸の巻き方にはいろいろなやり方があるが、右はフランスで一般的な方法。
●牛フィレは焼くと膨張するので、糸をきつくしすぎないこと。豚肉の場合は焼くとちぢむので、若干きつめに巻くとよい。

フィレ肉の糸の巻き方

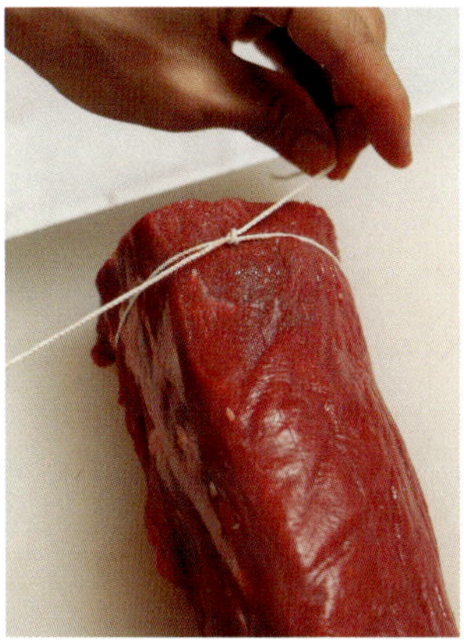

1 肉の太いほうに糸を一周させ、片端を15cmほど残して固結びする。

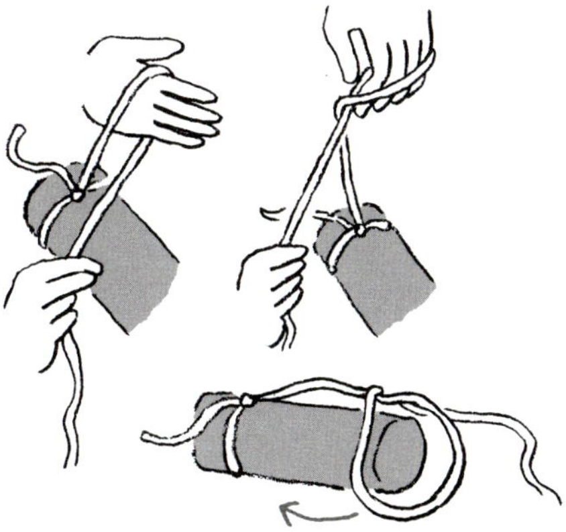

2 巻いた端を手前にして置く。長いほうの糸を手にかけて輪をつくり、向こう側から肉に通す。

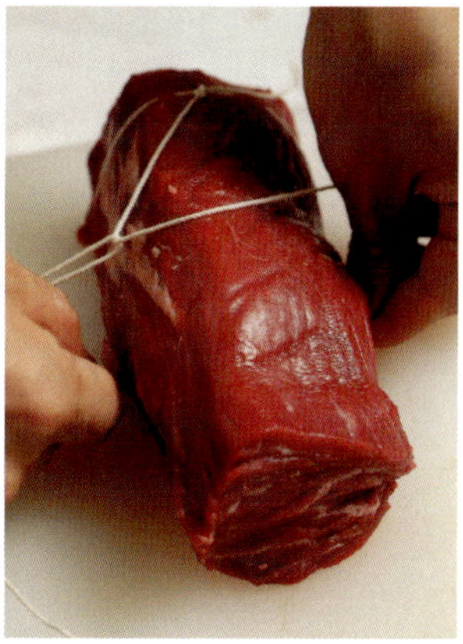

3 かけた輪を手前にたぐり、**1** の横糸から約2cm向こうで糸をひっぱって締める。

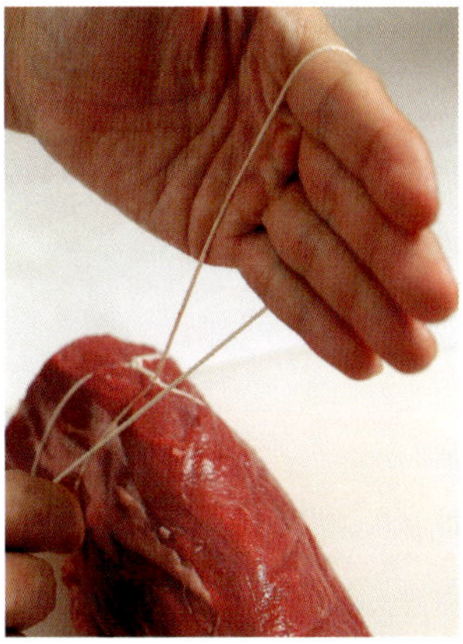

4 再度糸を手にかけて輪をつくり、向こう側から肉に通す。手前にたぐって、糸を締める。

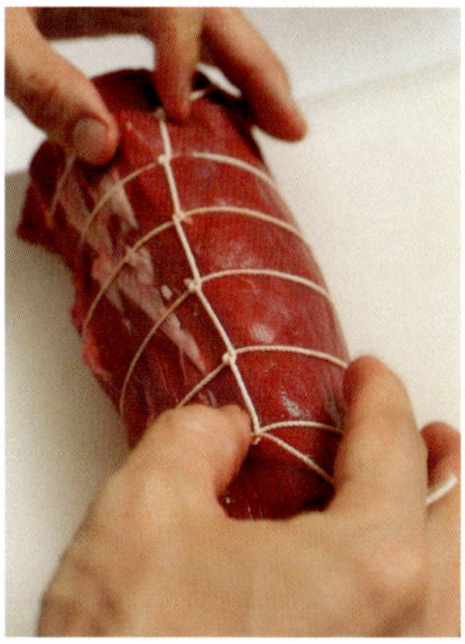

5 何度も繰り返し、約2cm間隔で糸を巻いていく。

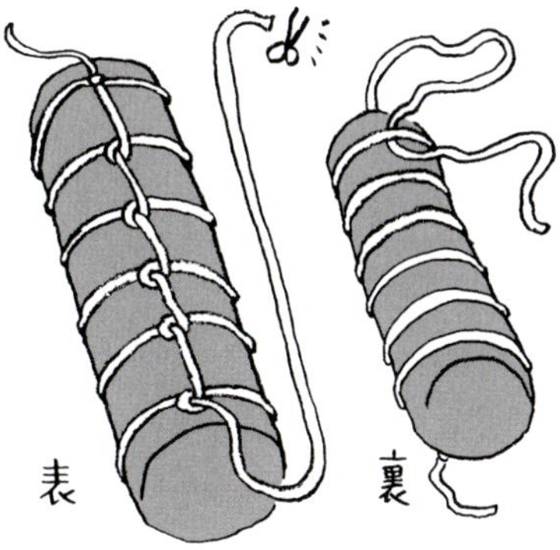

6 端まで均等に巻いたら裏返す。糸を肉の長さより少し多めに残して切る。

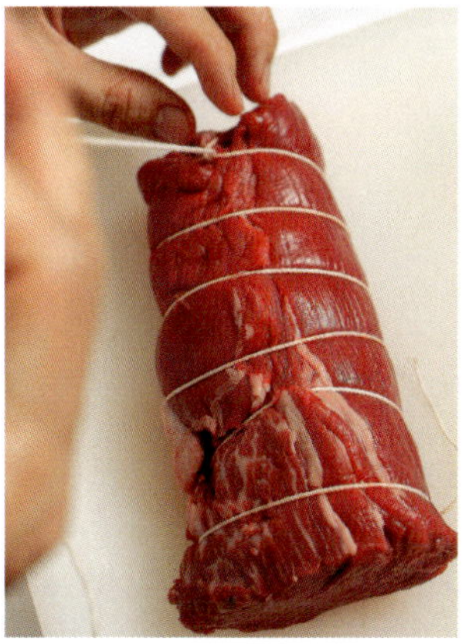

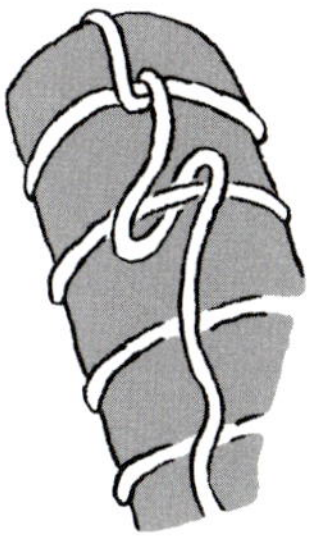

7 裏から回したタテの糸を、ヨコ糸に1本1本くぐらせていく。

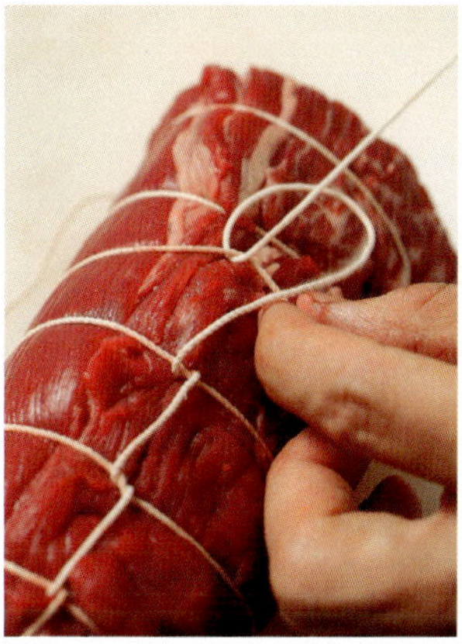

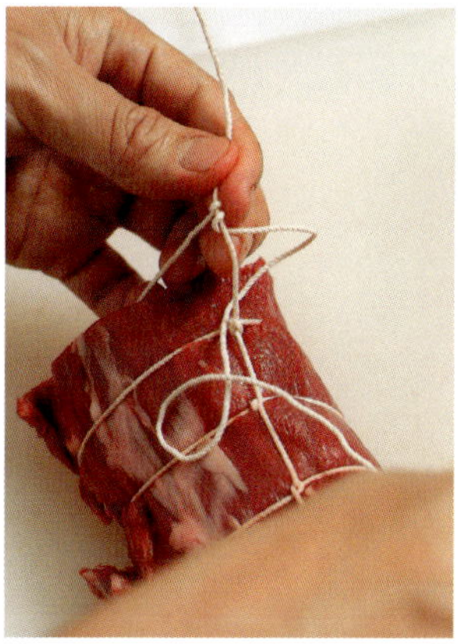

8 最後の輪にかけたら、初めに残した糸と固結びする。

フィレ肉の1ポーションをフィスレする

●塊ではなく、ポーションごとに調理する場合も、側面に糸を巻いておくと、色づきも形もきれいに仕上がる。
●1ポーション分をカットしてから巻く方法と、長いままの肉に等間隔に何本も糸を巻いて結び、使うたびにカットする方法がある。

1 以下は、カットしてから巻く方法。フィレ肉を、1ポーション分の厚さに切る。

2 きれいな円柱形になっていること。

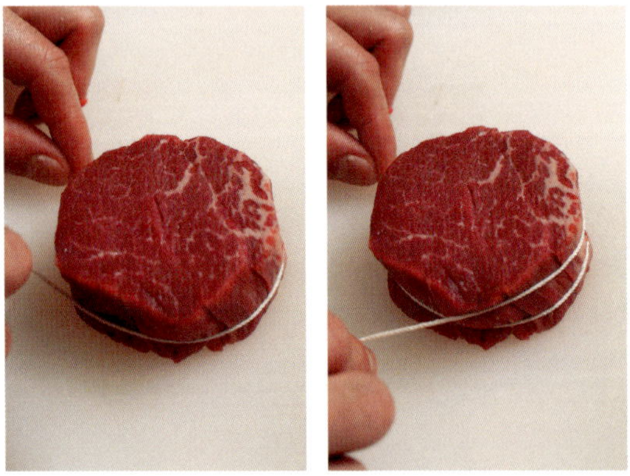

3 低めの位置で糸を1回巻き、斜めにわたして高めの位置でさらに1～2巻きする。

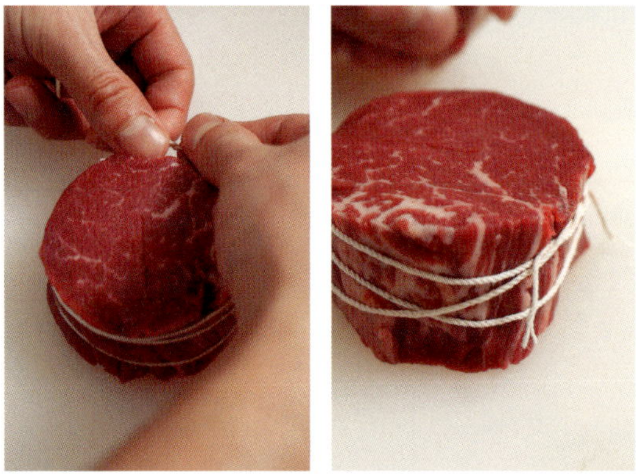

4 糸を切る。両端の糸を2回からげて軽く締める。
●固結びせず、2回からげにする。ポワレしてもほどけず、しかも焼き上がりに糸をひっぱれば簡単にほどける。
●焼くと肉が膨らむので、糸を強く締めすぎないこと。

仔羊の背肉

carré d'agneau カレ・ダニョー

●仔羊、仔牛、豚の「骨付きの背肉ブロック」をカレ carré という。1 頭から左右 2 つのカレが切り出される。仔羊背肉の基本的な注文単位。

●背骨に左（もしくは右）のあばら骨が 8 本ついている。

仔羊の背肉のそうじ

●背骨をはずして余分なスジや脂肪を切り取る作業。料理によってはさらに、背脂の一部をはずして骨をきれいに見せる。

●仔羊は脂肪が多いので、作業直前まで冷蔵庫に入れておく。温度が上がると脂肪がとけて扱いにくくなる。

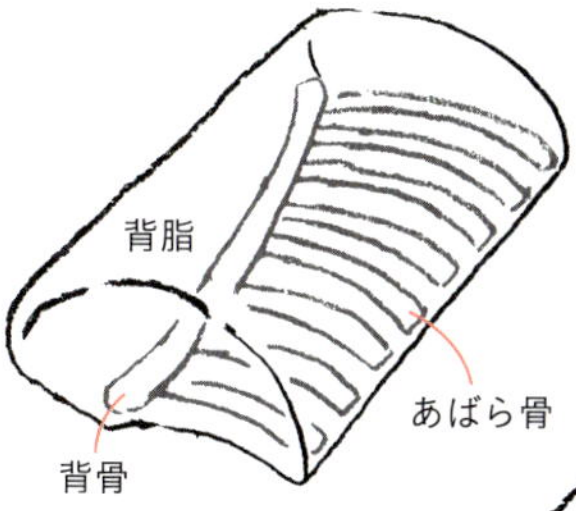

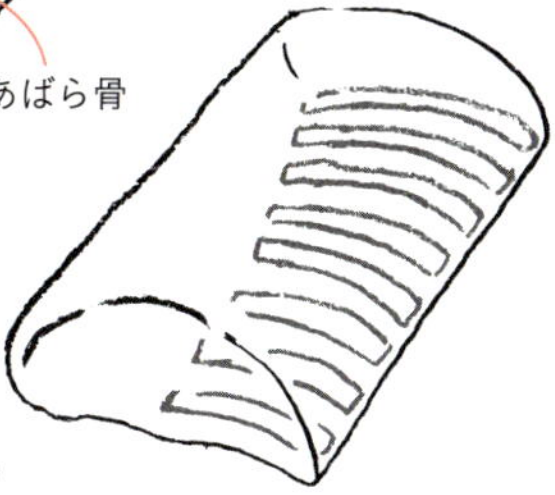

（基本形）
背骨をはずし、
余分な脂やスジを除く

（さらに整形）
背脂の一部を切り取って、
あばら骨の先端を露出させる。

1 首側の断面から軟骨を除く

●首に近いほうの断面を見ると、背脂下のスジと赤身の間に半月型の軟骨がはさまっている。

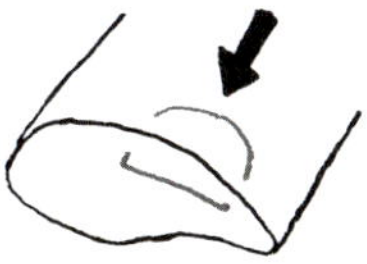

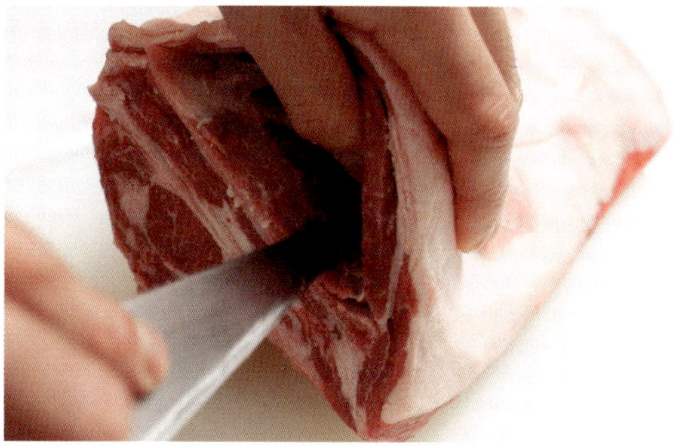

1 包丁の刃先で軟骨の位置を確認し、軟骨の上を刃で左右になぞりながら、肉から切り離していく。

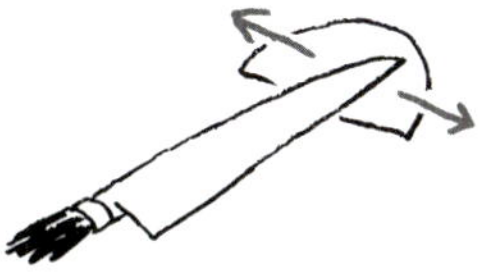

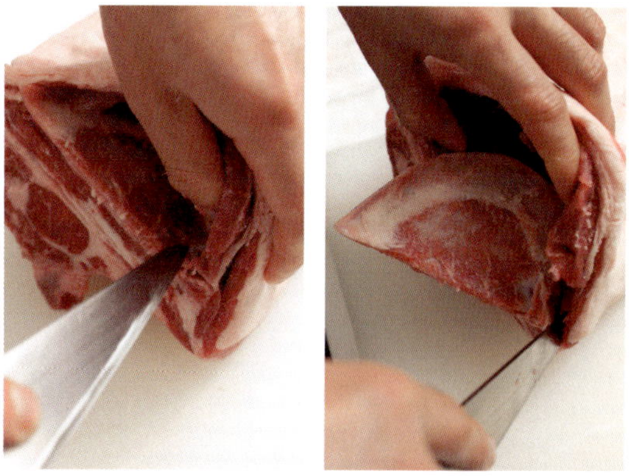

2 軟骨の下にも同じように刃を入れて肉から切り離す。上下ともはずれたら、かぶさった肉をめくって、軟骨をひっぱり出す。

●取り出した軟骨。左右どちらのカレにも入っている。

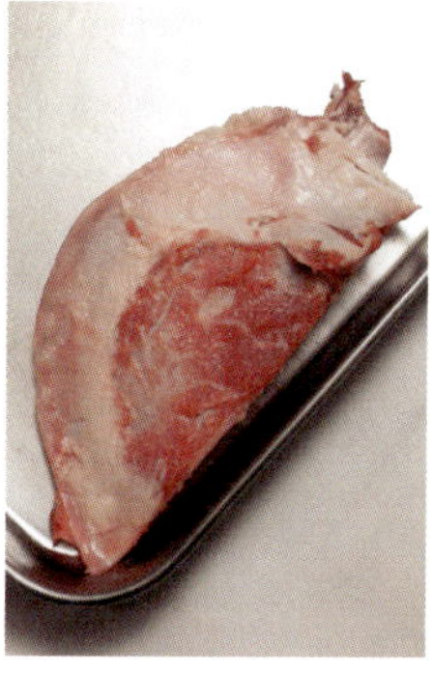

❷ 背脂の表面をそうじする

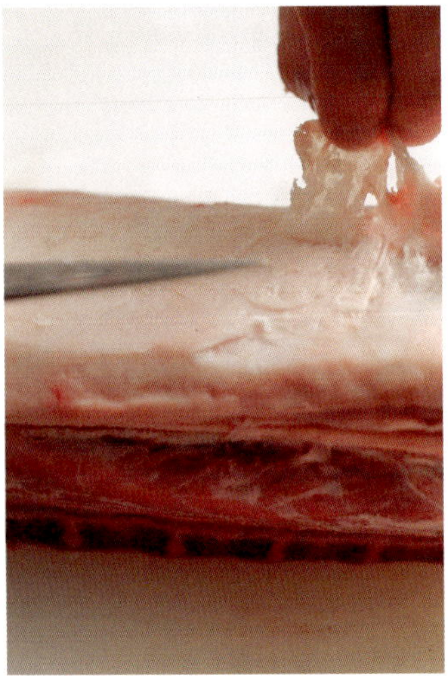

1 背脂の表面は汚れているので、全面を薄く削りとる。

❸ あばら骨の表面をそうじする

●ブロックの内側（背骨〜あばら骨の表面）をおおうスジ膜を除く作業。
●ほかの下処理をすませてから行なうこともできるが、最初にまとめて除いておくほうが効率がよい。

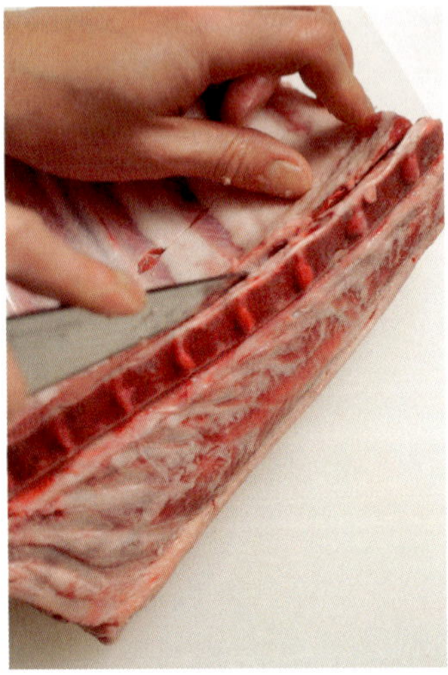

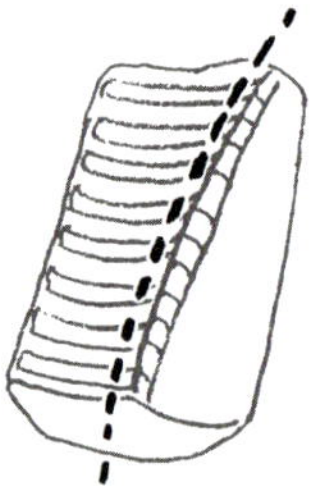

1 ブロックの内側を上にして置き、背骨のキワに沿って切り込みを入れる。

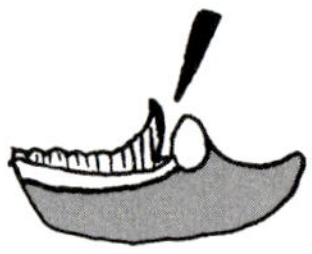

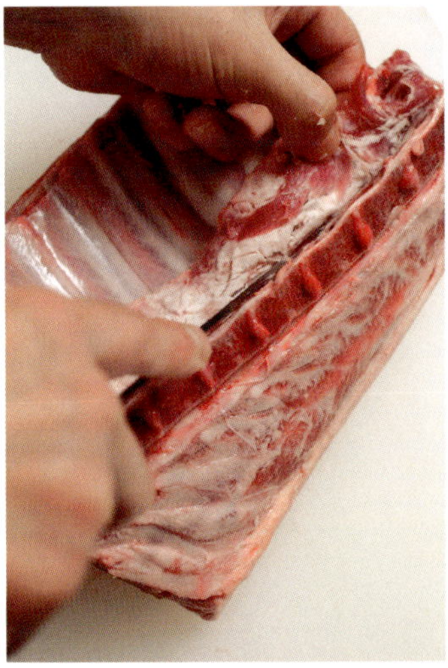

2 切り込みから刃を食い込ませ、背骨回りの厚いスジや脂肪をめくり上げ、切り取る。

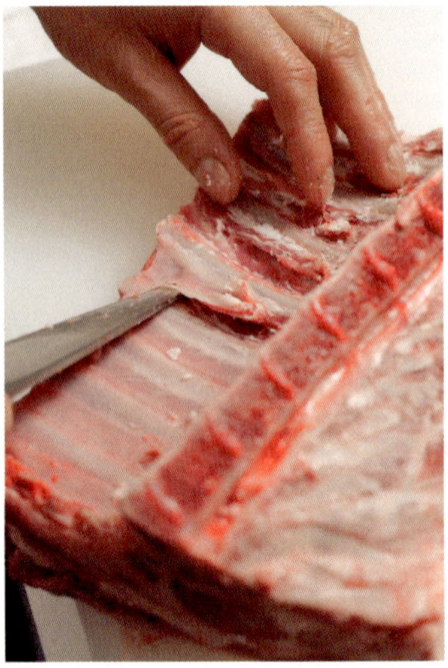

3 つぎに、あばらの骨と骨の間をそうじする。骨のキワに刃先をねかせ気味に入れ、赤身を覆うスジ膜をはがす。●全肋間に毎回刃を入れて、きれいにそうじする。

❹ 背骨をはずす

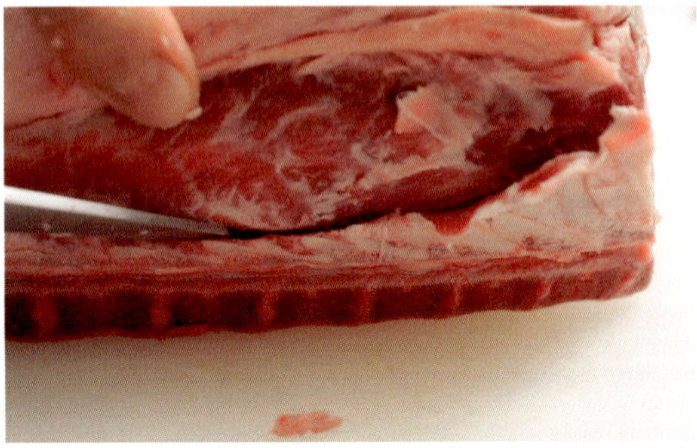

1 ブロックの内側を下にして置く。背骨の外側のキワに切り込みを入れる。

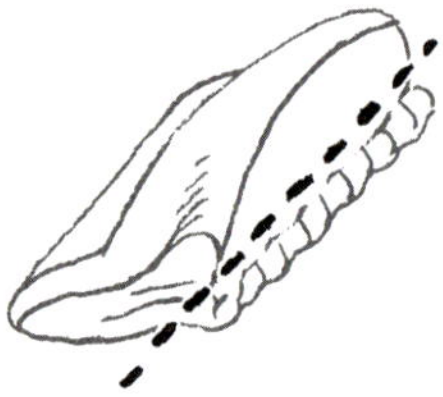

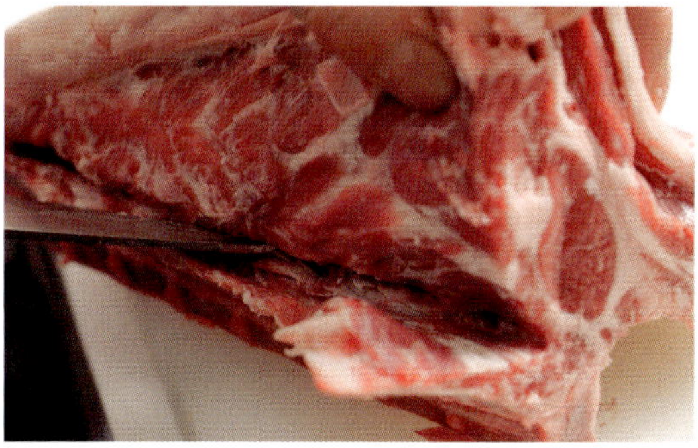

2　より深く切り進めて、背骨の裏側を肉からはずす。

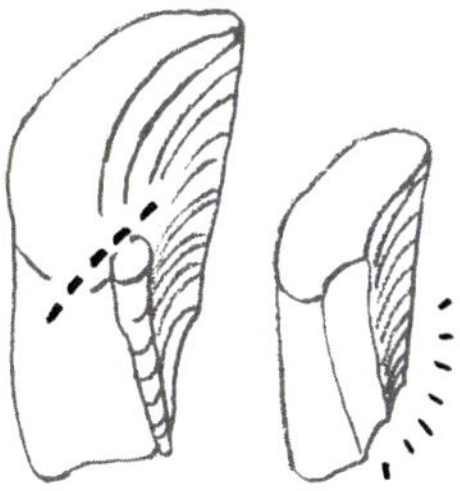

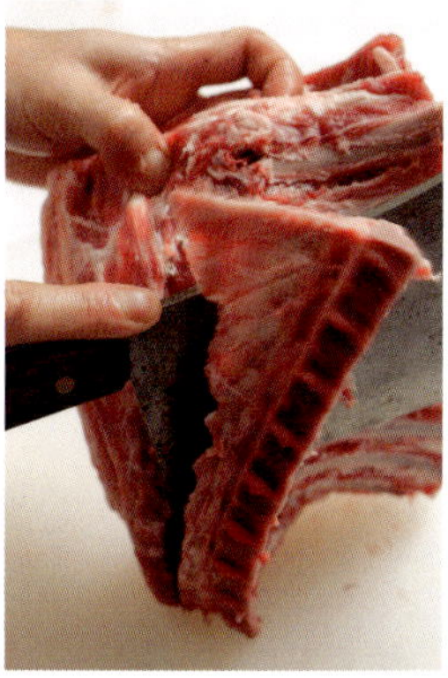

3　裏側がはずれたら、チョッパーを使って背骨を切り取る（背骨とあばら骨を切り離す）。

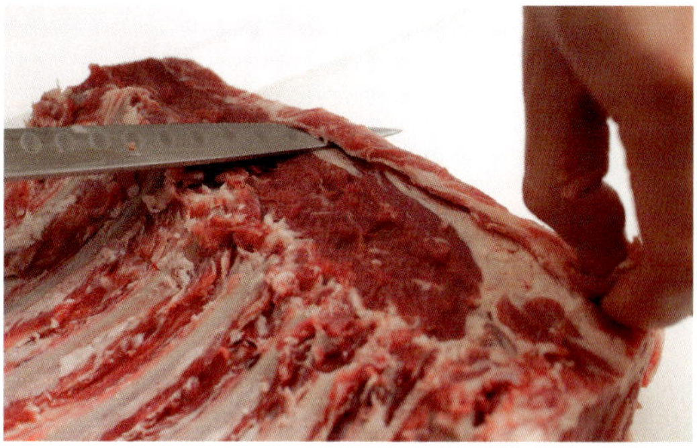

4　骨の跡に残ったスジを切りはがす。
●ここまでが、基本のそうじ。

●あばら骨の先端部分（全体の約1/3）にはほとんど赤身がついていない（大部分が脂肪とスジ）。次のプロセスで、この部分を整形する。

⑤ 整形する（骨をきれいに見せる）

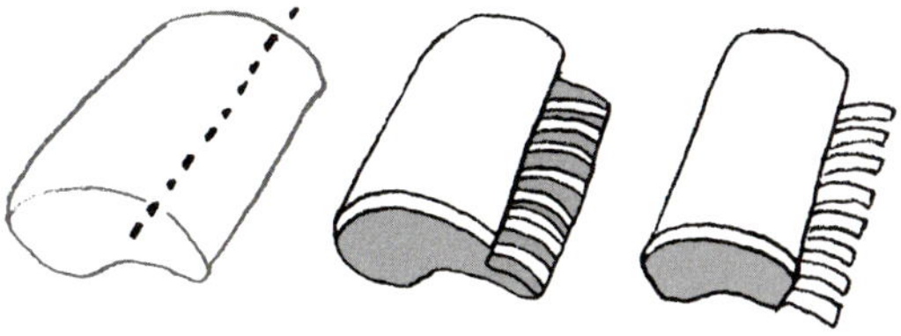

あばらの骨先にかぶった脂肪をはずす。

あばら骨の先を切り整える

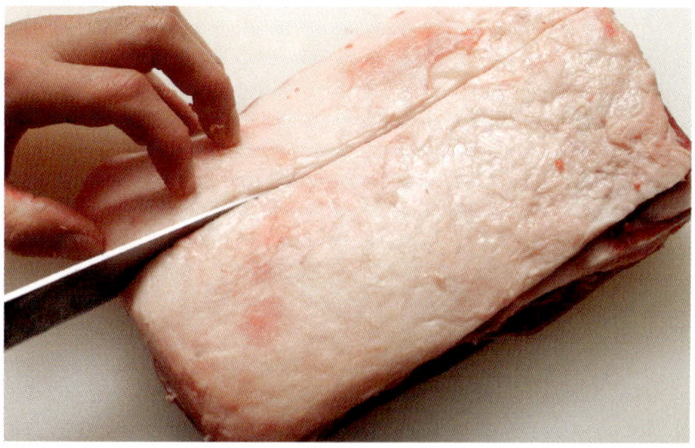

1　背脂に切り込みを入れる。あばら骨の位置まで切り進む。
●切るのは、肉の薄くなっている部分。あばらの先端から4～5cm。

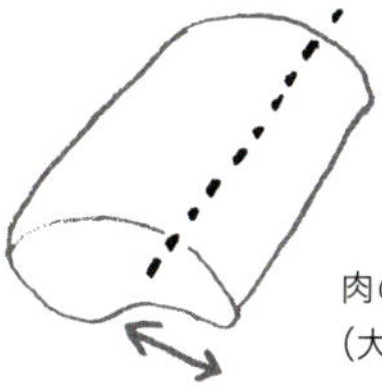

肉の薄い部分
（大部分が脂肪とスジ）

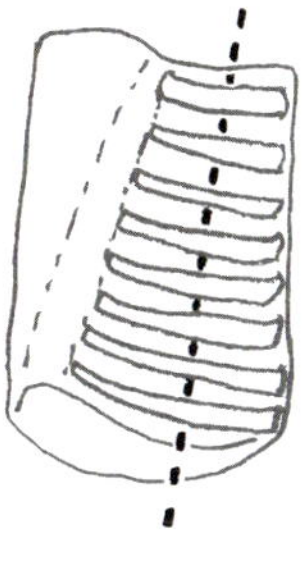

2　あばら骨を上に向け、**1**の切り込みの裏側に（骨と骨の間）に包丁を入れる。

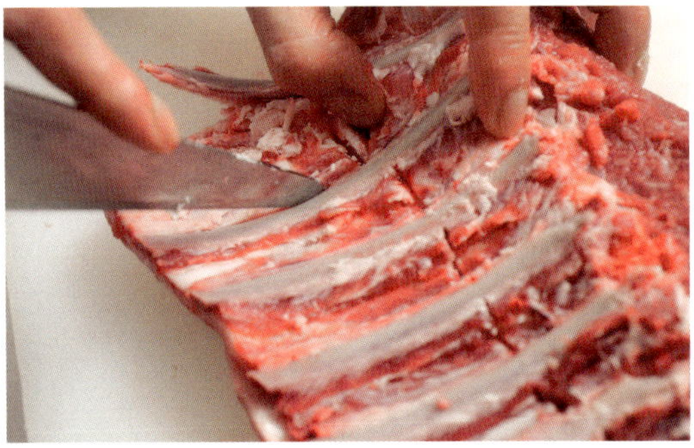

3 切り込んだところから骨の先まで、骨の両脇に沿って切り目を入れる。

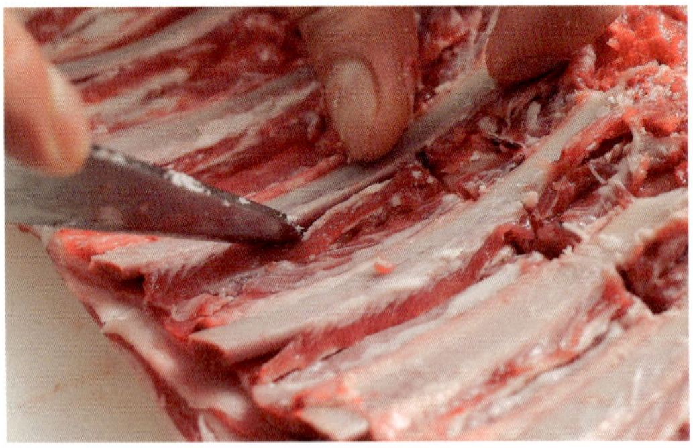

4 切り目に刃先を斜めに入れ、骨の側面から裏側にかけてえぐるように切り込む。

●1本ずつ、骨の両脇から包丁を入れる。

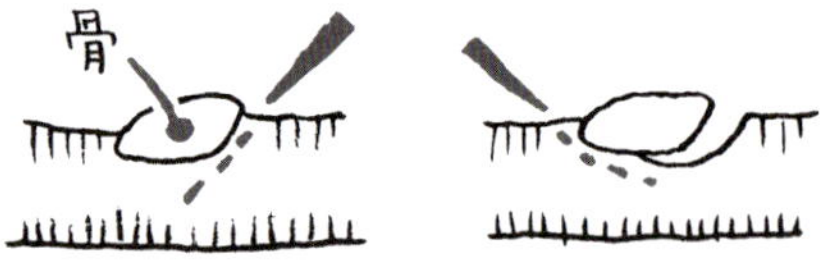

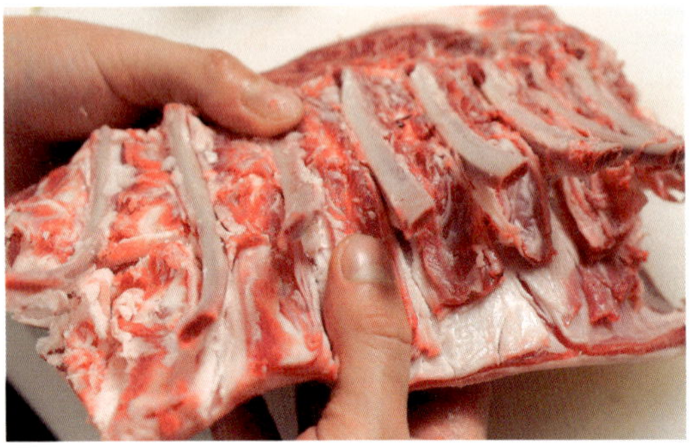

5 さわって見当をつけ、あばら骨をはがす。

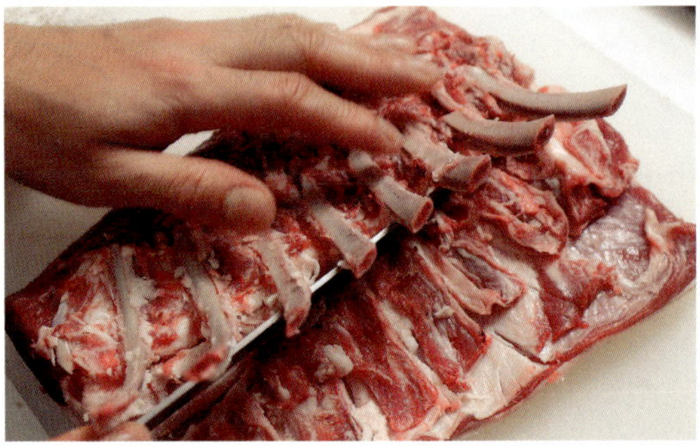

6 **1**で入れた切り込みに包丁を入れて、完全に切り離す。

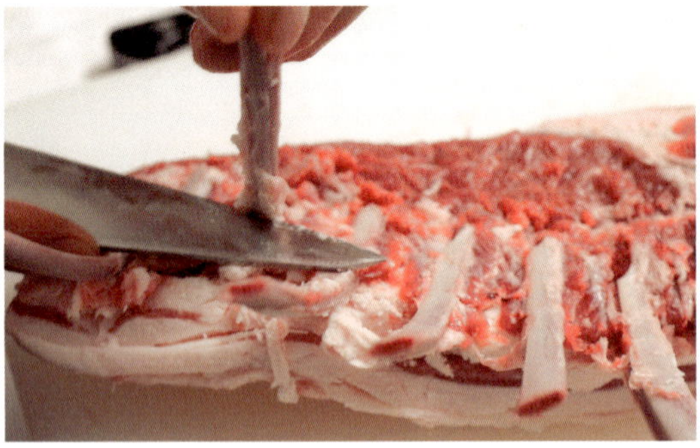

7 露出したあばら骨の裏面についたスジなどを、刃先でこすり取る。

●肉をはがした面にスジが残っている。

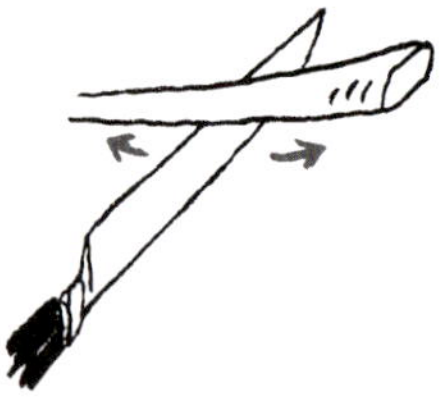

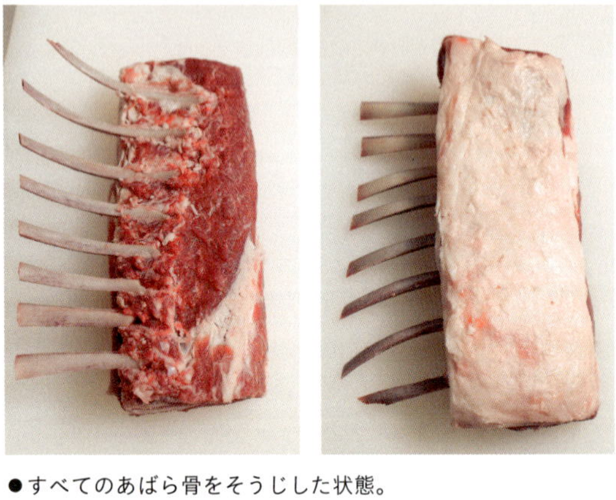

●すべてのあばら骨をそうじした状態。

❻ その他の準備

●調理方法やプレゼンテーションに応じて行なう作業。

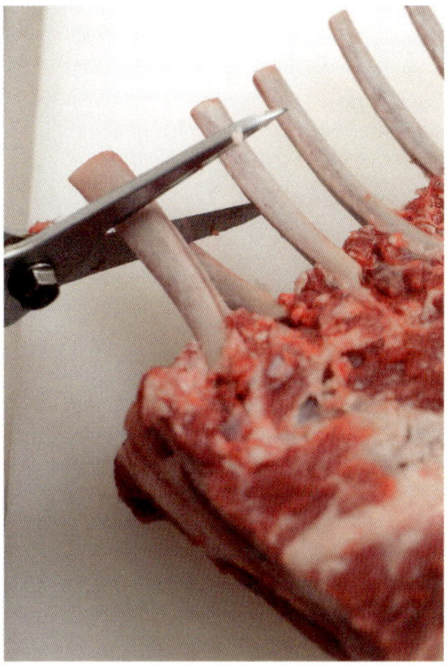

1 あばら骨の先端をハサミで切りそろえる。
●頑丈な剪定用ハサミを使うと便利。

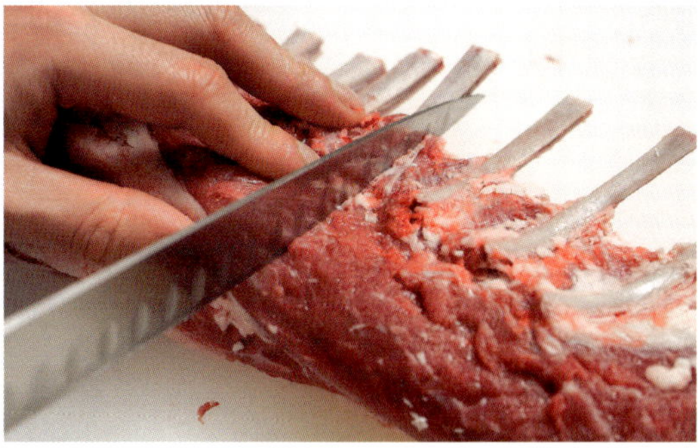

2 料理に必要な大きさのブロックに分割する。
●骨と骨の真ん中で切り分けるのが理想だが、骨の間隔にはばらつきがある。各ブロックにとる肉の量と全体のバランスを考慮して切る位置を決める。

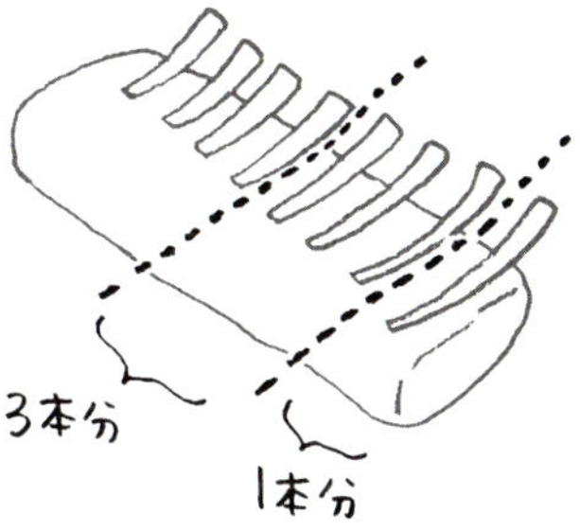

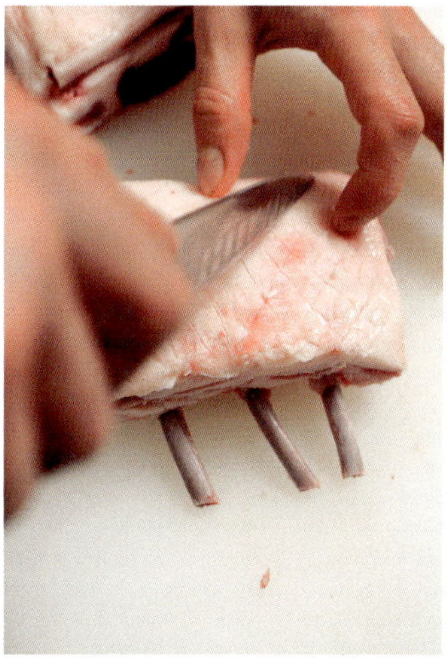

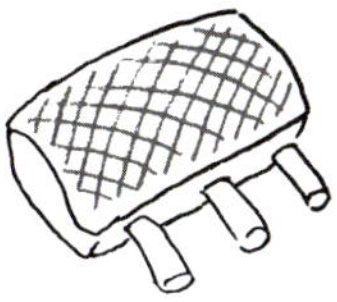

3 脂の表面に深さ 4 〜 5 mm の切り込みを格子状に入れる。
●脂肪に火が入りやすくなるように。ロースト中に脂が落ち、切り込みの表面が揚げたようにカリカリになって香ばしく仕上がる。

CHECK 仔羊背肉のポーション例

●骨 3 本分のブロック（左）と骨 1 本分のピース（右）。
●バランス上、脂肪が多い場合は少し削るとよい。
●あばら骨 1 本分のピースのことを、コートレット・ダニョー côtelette d’agenau、もしくはコート・ダニョー côte d’agneau と呼ぶ。

家禽

volaille ヴォライユ

●家禽（ヴォライユ）は、鶏をはじめ飼育された鳥類の総称。狭義としてとくに鶏を指す。
●鶏にはプレ poulet（若鶏）、プラルド poularde（肥鶏）などの名称があるが、料理名ではプレ・ロティ（ローストチキン）など一部の例をのぞき、ヴォライユと表現することが多い。

鶏のそうじ

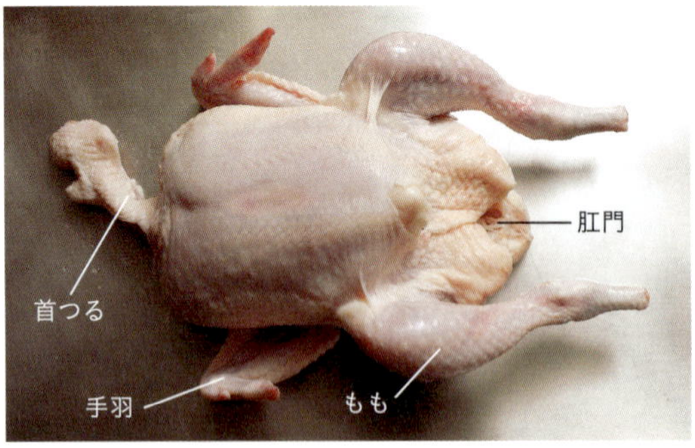

●丸1羽の鶏の毛を焼き、内臓を抜き、首つるや足先などの不要な部分を除く作業。
●日本で一般に流通するものは、頭、毛、内臓は除かれている。その場合も毛の取り残しを確認し、必要ならバーナーの炎で焼ききる。
●臭みが肉につくので、水は使わずに作業する。

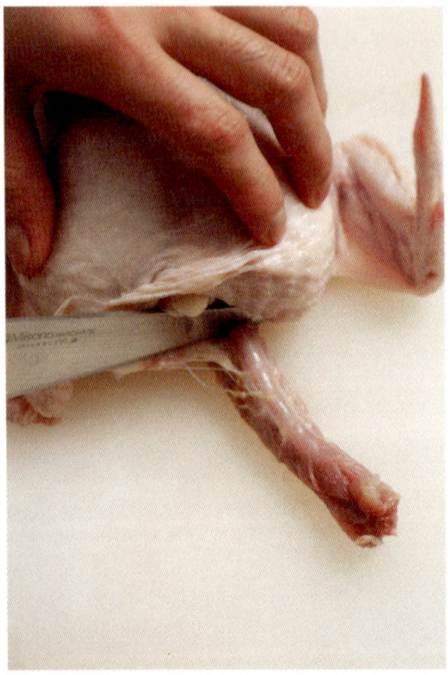

1 首つるをひっぱって、根元から切り落とす。

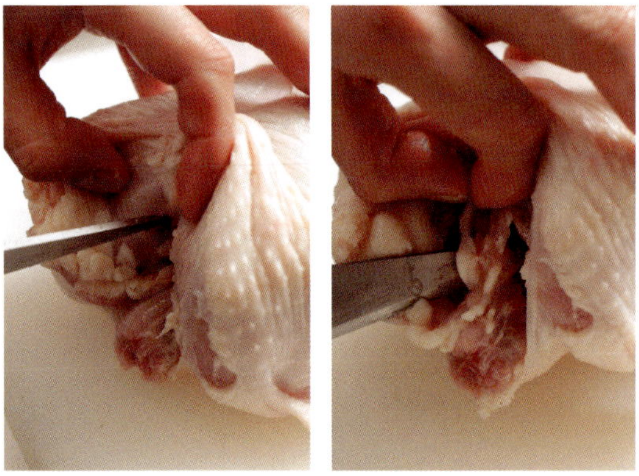

2 首にあるV字状の鎖骨（フルシェット fourchette）を取り除く。背を下におき、首の切り口から鎖骨を見つけ、骨の上下に刃を入れて、肉から切り離す。

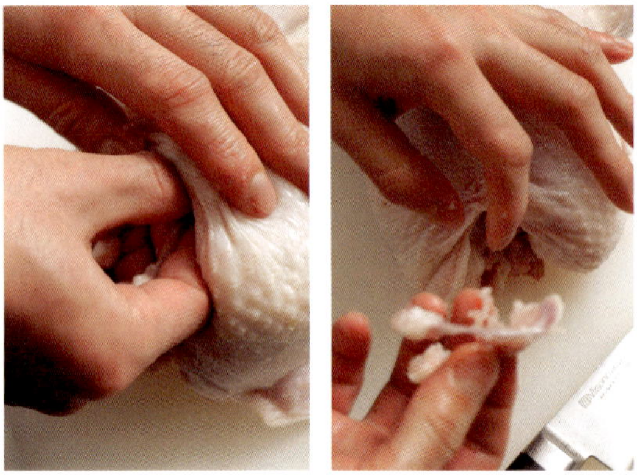

3 指で鎖骨を取り出す。

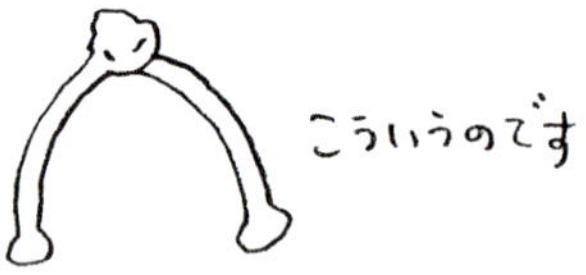

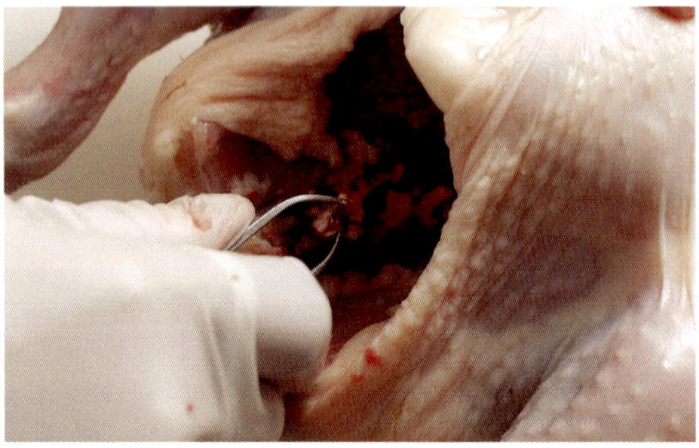

4 肛門から腹の中をそうじする。内臓や脂肪の取り残しをピンセットなどで除く。

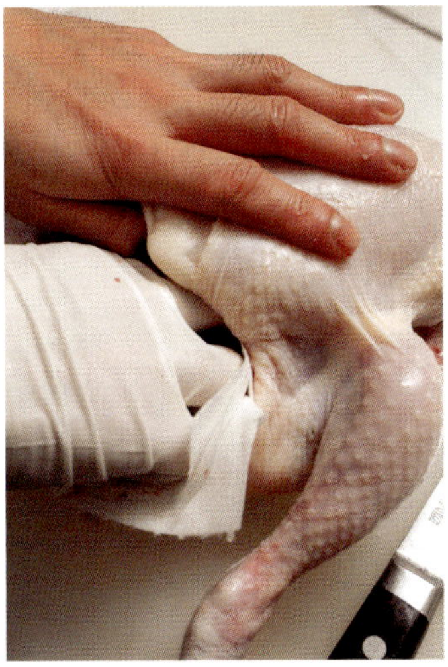

5 腹内の血、脂、水分をキッチンペーパーできれいにぬぐう。
●水洗いすると臭みが肉に付着するので、水は使わないこと。

手羽先を落とす

●1羽丸ごとローストする場合、手羽がついていると先に焦げてしまうので、手羽元を残して切り取る。

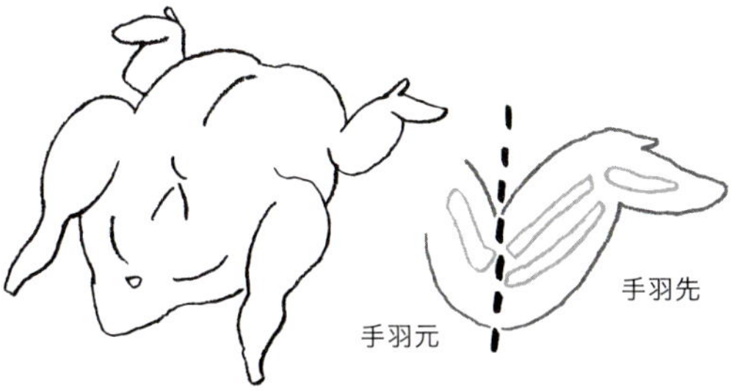
手羽先
手羽元

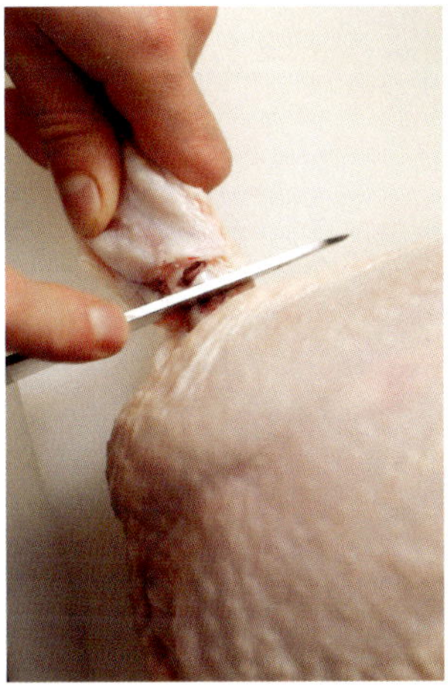

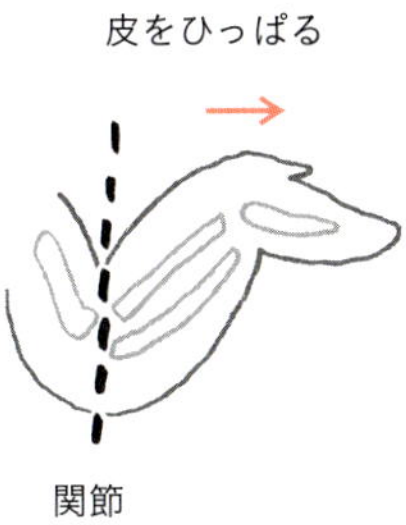
皮をひっぱる
関節

手羽の関節を伸ばし、皮をひっぱって、骨と骨のつなぎ目を切る。
●皮をひっぱると、関節のつなぎ目が見える。

鶏をブリデする

brider ブリデ

●ブリデは「縫う」の意味。鶏を丸ごとローストする前に、体形を整えて縫い止める作業。
●両ももをたたんで身に密着させ、胸をこんもりと盛り上げるように身を組んで、縫い止める。
●見た目だけでなく、ももと胸に適切な火入れをするため、という意味がある。両ももを開いたまま焼くと、胸肉に強い熱気が直接あたってパサパサになりやすい。ももを密着させることで胸がカバーされ、しっとりと仕上がる。
●用意するもの……ブリデ針、タコ糸

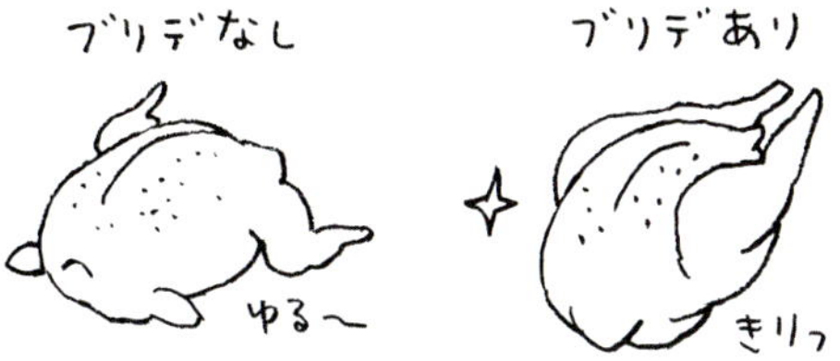
ブリデなし
ブリデあり
ゆる〜
きりっ

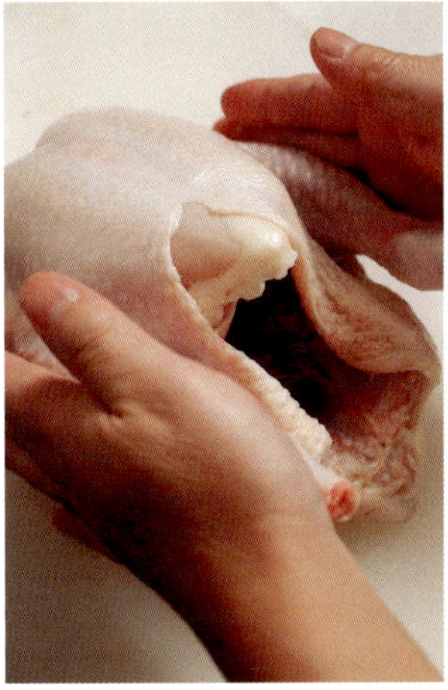

プラプラ
きりっ

1 背を下にしておき、両ももの関節を曲げ、腹に密着させる。
●コンパクトに「閉じた」ポーズに。

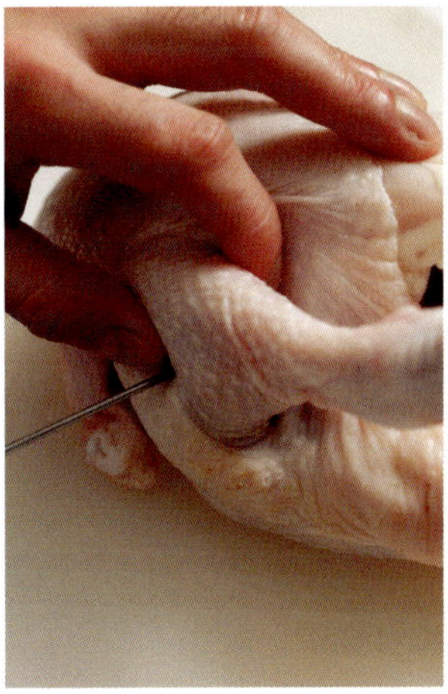

2 糸を通した針を、[ももの骨の下] に外側から刺す。

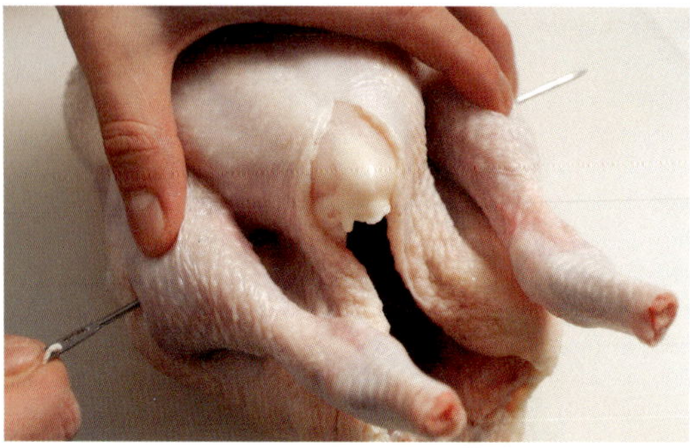

3 内側から抜いた針を、そのまま［胸肉の下］→［反対のもも の骨の下］に通して抜く。

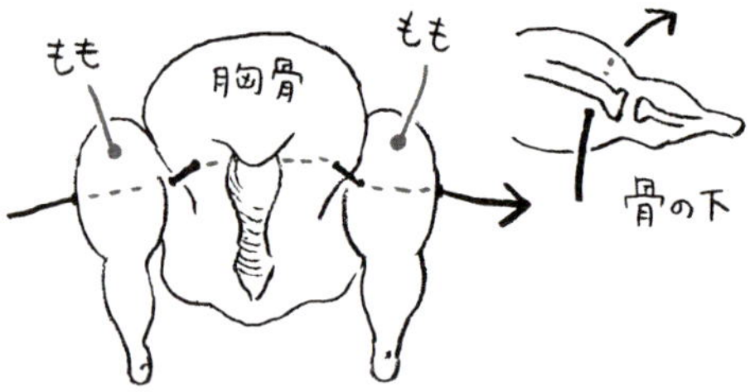
もも
胸骨
もも
骨の下

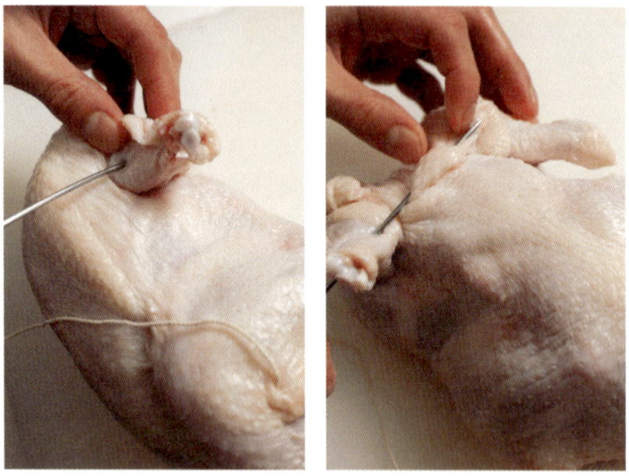

4 ももから抜いた針を、同じ側の［手羽元の骨の下］通し、［首の皮］を縫いつけながら［反対側の手羽元］に通して抜く。

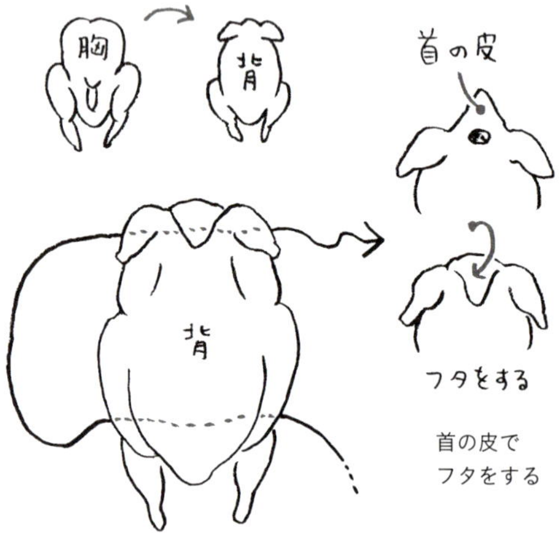
胸
背
首の皮
背
フタをする
首の皮で
フタをする

首の皮を胸の皮に縫いつける

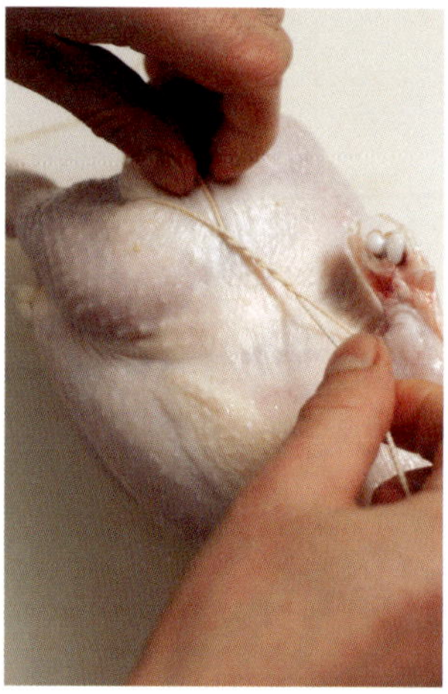

5 糸の両端をそれぞれ 20 cm ほど残して、糸をカットする。両端を 2 回からげる。

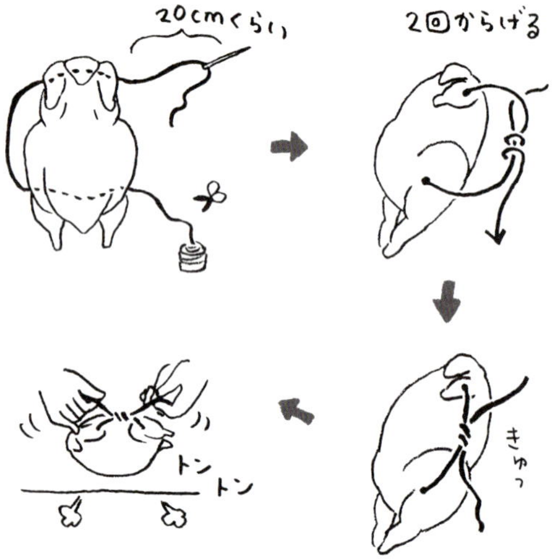
20cmくらい
2回からげる
トン
トン
きゅっ

●両手で軽く持ち上げて、肉の重みで糸のゆるみを締めながら、鶏のフォルムを整える。
●きつく締めすぎても、ももの内側に火が入りにくくなるので、適度に。

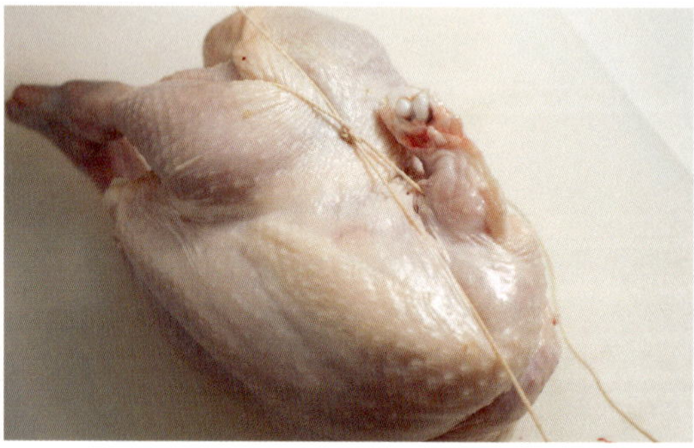

6 からげた糸を、固結びする。余分な長さをカットする。

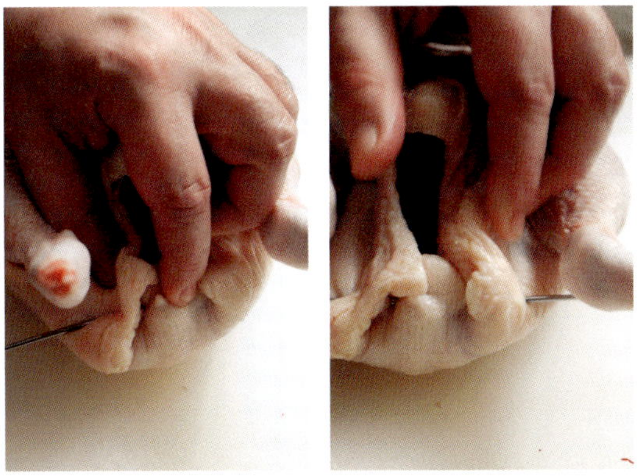

7　つぎに足先を整える。背を下にして置く。お尻の皮を中心に寄せてたたみ、糸を通した針でヨコから縫い合わせる。

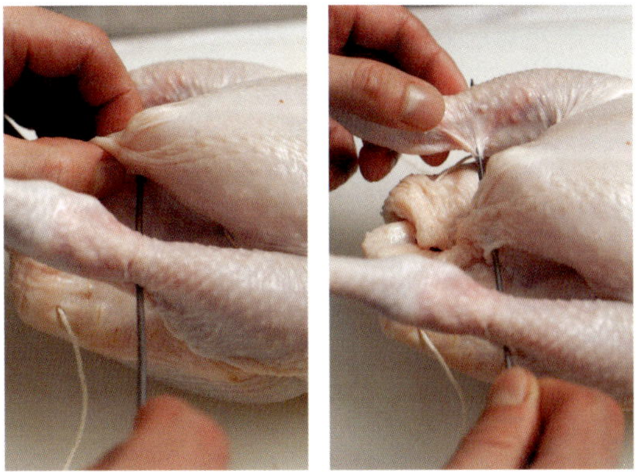

8　**7** で抜いた針を、同じ側の［足の骨の下］に外から刺し、［胸肉の下の皮］→［反対側の足の骨の下］に通して抜く。

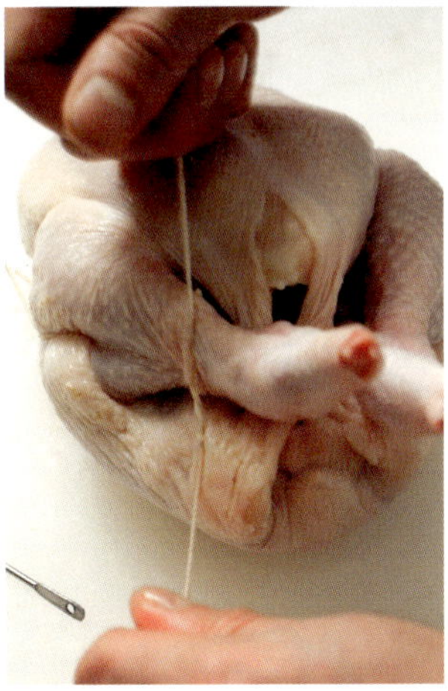

9　糸を針から抜き、両端を固結びして糸を切る。

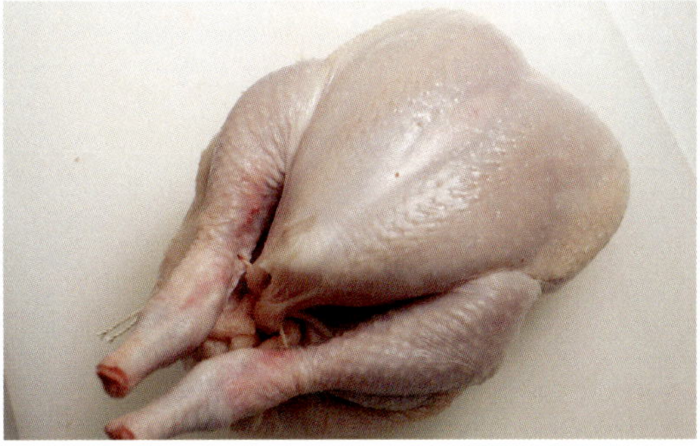

10　仕上がりの状態。

参考：足先の揃え方・簡易バージョン

- ［足－腹の皮－足］を縫い止めるだけのやり方。
- 一度に大量の鶏をブリデする場合に。

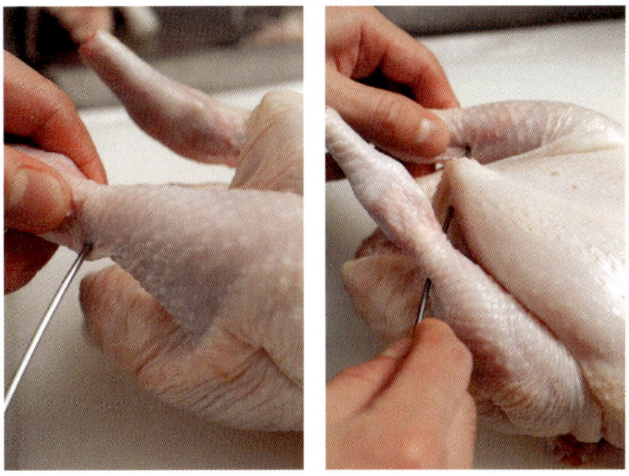

1　糸を通した針を［足の骨の下］に外側から刺し、［腹の皮］を通して［反対側の足］に刺し抜く。

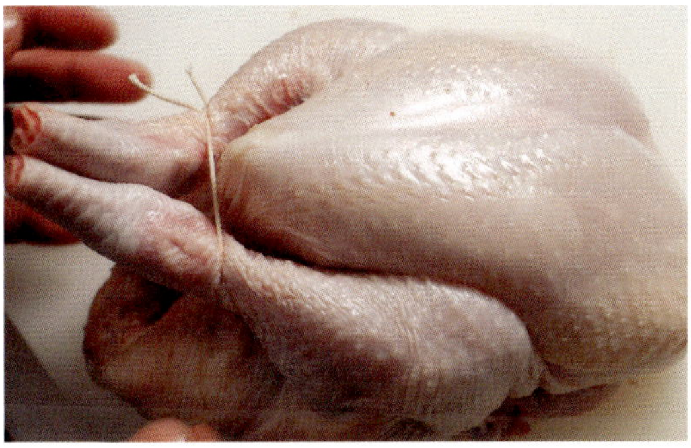

2　糸を針から抜き、足の脇で両端を結ぶ。
●足先がそろうようきゅっと糸を締めながら結ぶ。

鶏をフィスレする

ficeler　フィスレ

- フィスレ ficeler はひもでくくる、という意味。家禽を 1 羽丸ごとで調理する際、形よく仕上がるよう身を組んで、糸で縛る作業。
- とくに小形の家禽——うずらや鳩——によく用いる。若鶏やパンタードにも行なう。
- 用意するもの……タコ糸

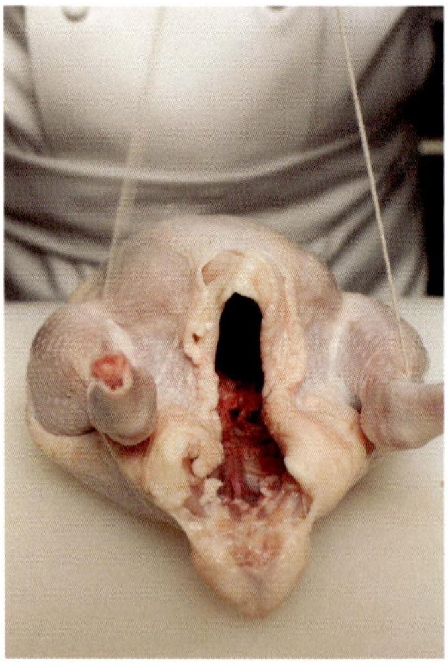

1 背を下、足を向こう側に置く。お尻の下に糸をわたし、両足の関節の脇から上げる。
●糸の片端は約 30cm 残す。

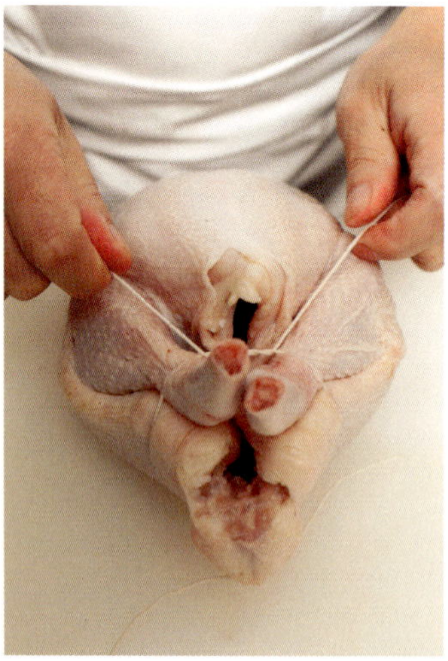

2 両関接を寄せ、糸と糸を 2 回からげて両側にひっぱる。
●このまま糸をももの内側にはわせて手前にわたす。

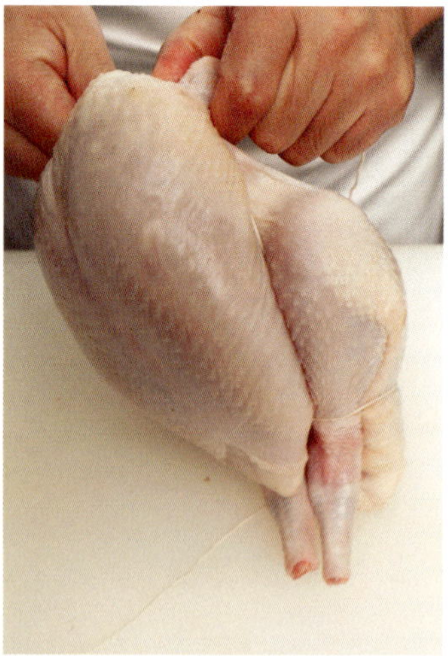

3 両方の糸をももの内側にくいこませながら、手羽元までわたす。

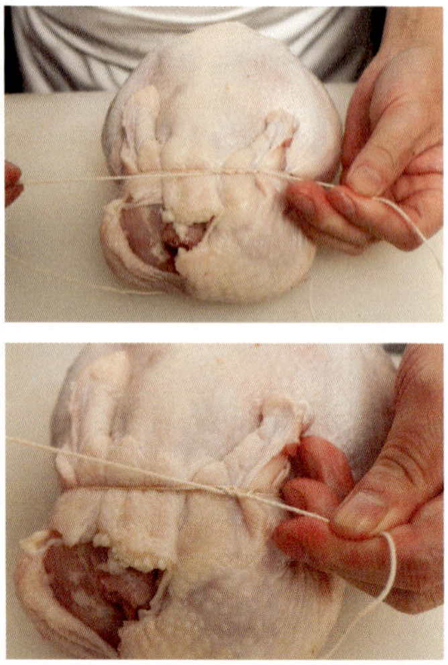

4 手羽元をおさえながら、両方の糸を 2 回からげてひっぱり、固結びする。

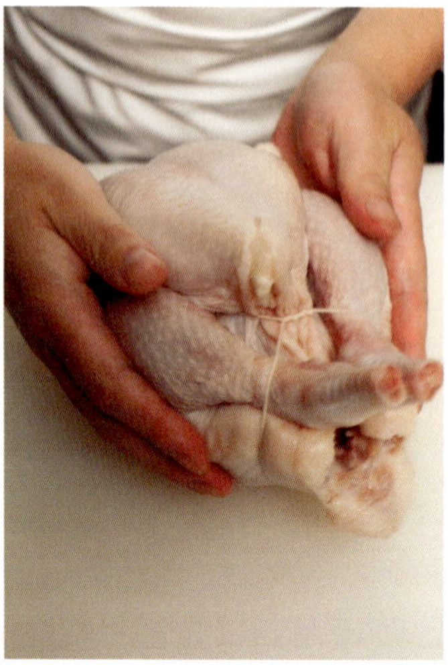

5 糸を切る。仕上がりをお尻側からみたところ。

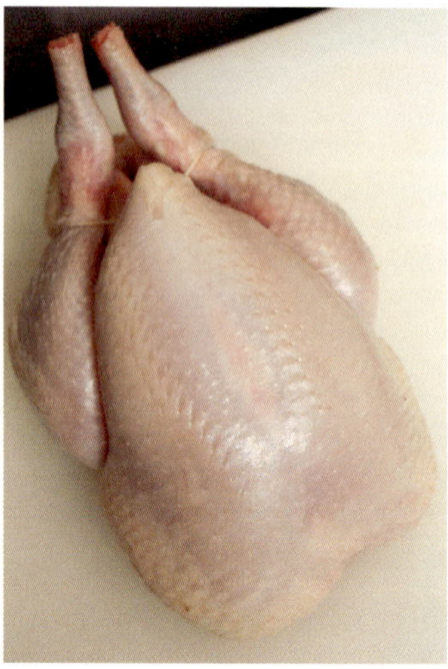

6 完成形。足がぴったり閉じ、胸に張りがある。

❖ 鶏を部位に分ける

découper デクペ

●そうじをすませた1羽の鶏から、胸肉2枚（骨なし）・もも2本（骨つき）を切り取るスタンダードな方法。
●ほかの鳥類も、基本的にあつかい方は同じ。

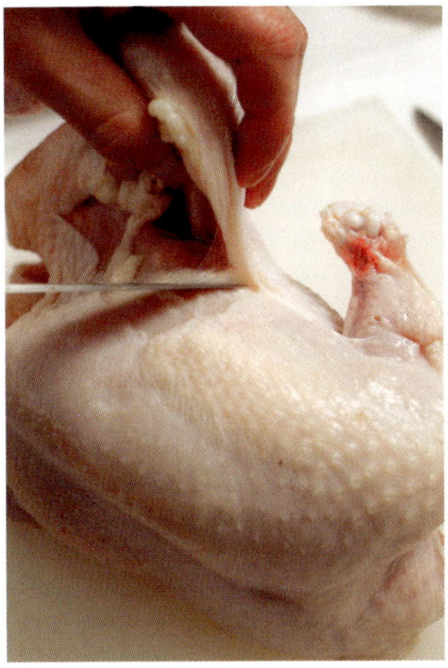

1 ももを開き、内側から付け根に包丁を入れて、皮を少しずつ切り離す。
●皮は、できるだけ胸側に残すように切る。
●肉は切らず、皮とスジを切る。

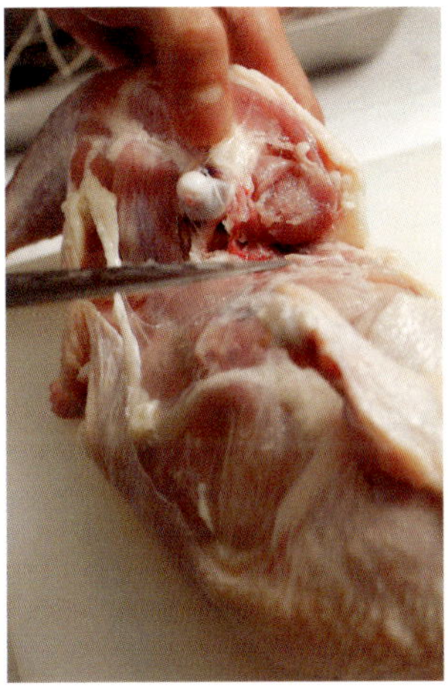

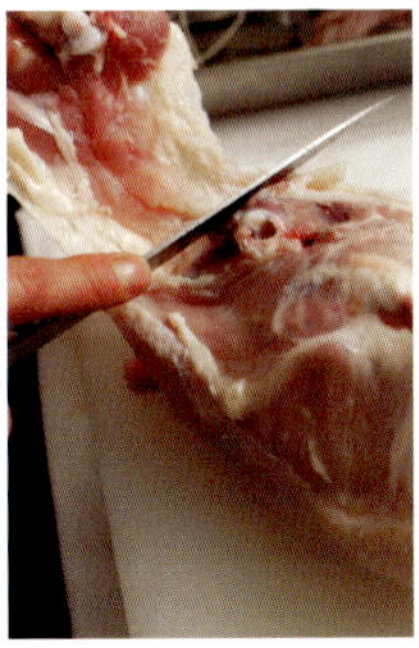

2 ソリレス（p92参照）はもも側に付ける。ソリレスの外側まで皮を切り離したら、ももを外側にぐっと開いて関節をはずし、刃先で関節の脇を押さえながらももをはがす。
●ソリレスを胸側につけないこと。
●肉は繊維の流れに沿ってはがす。最後に皮を包丁で切ってはずす。

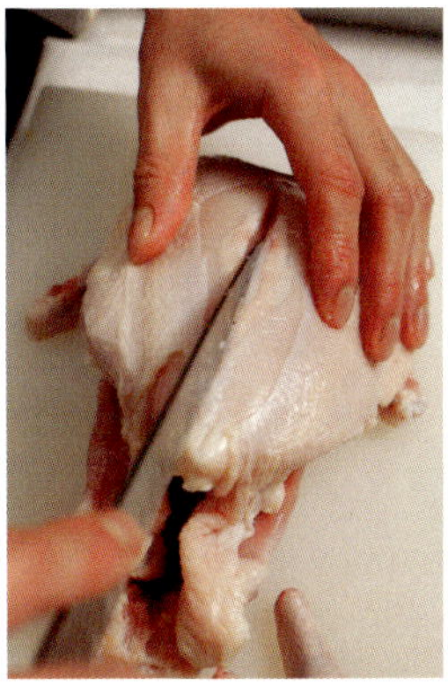

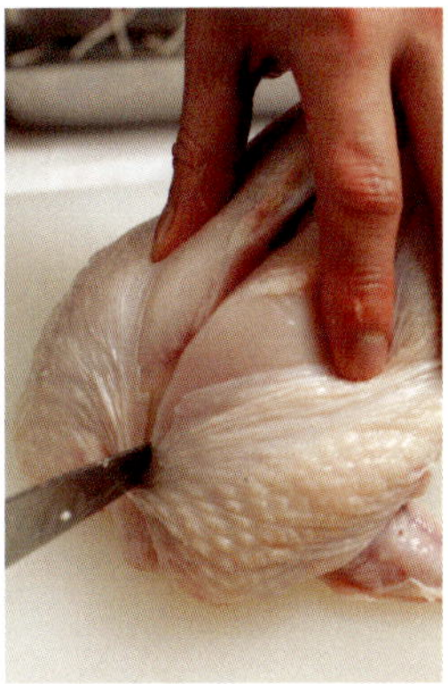

3 背を上に、首を手前に置く。胸の中心に刃を入れ、胸骨中央にある突起の片へりに沿って切り込みを入れる。
●刃を入れる深さは、胸骨にあたるまで。
●指で皮を両側にひっぱってのばしながら、刃を進める。
●写真は胸骨の中央にある突起の右サイドを切っている。この後、右側の胸肉をとる。

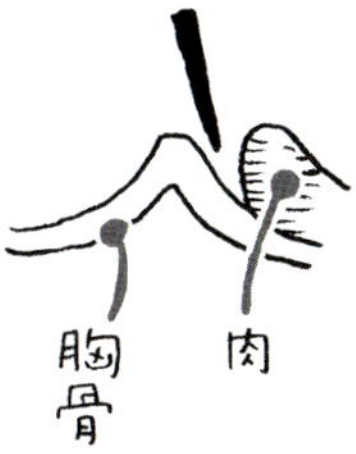

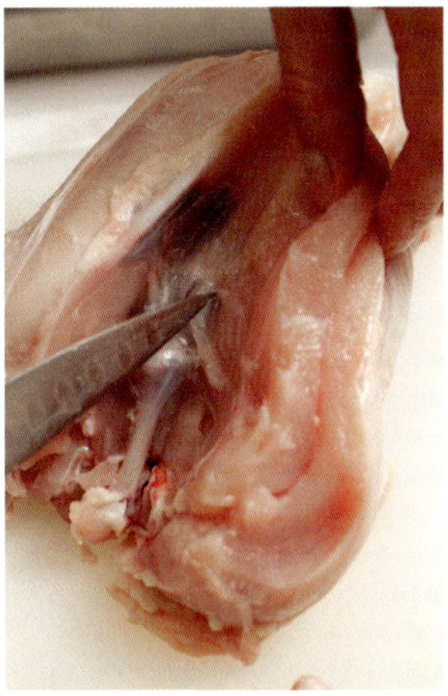

4 切り目に包丁を入れ、胸骨の表面をなぞるように肉を切りはがしていく。

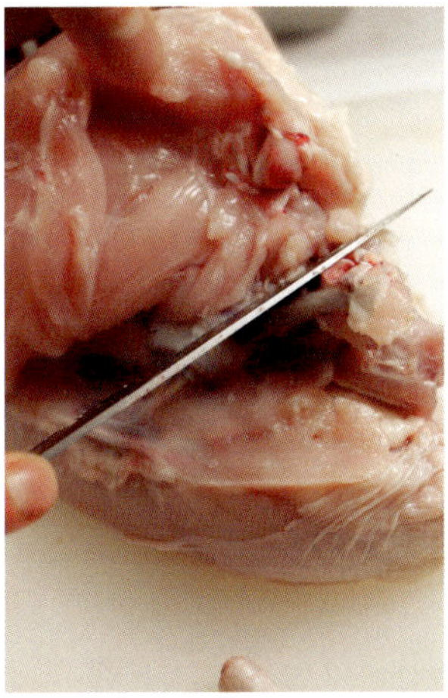

5 胸骨の端まで肉がはずれたら鶏をヨコに倒し、胸肉をひっぱりながら、胸骨と肉をつないでいるスジを切る。

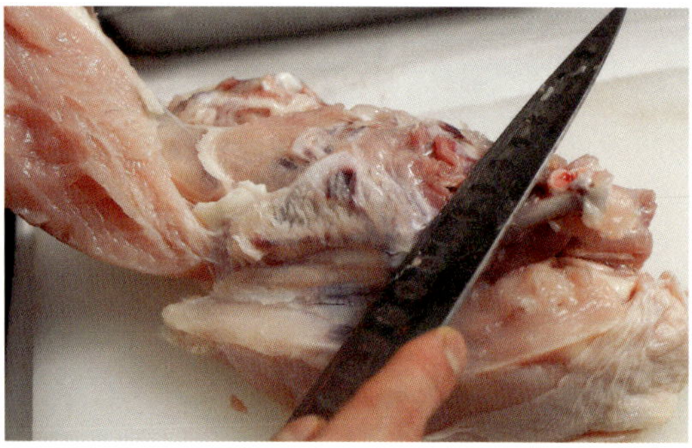

6 包丁で胸骨を押さえながら、胸肉をひきはがす。
●最後まではがしたら、お尻の皮の部分を包丁で切り離す。

7 左側の胸肉も同様にしてはずす。

●両胸、両ももの 4 つの部位。

ソリレス

sot-l'y-laisse　ソリレス

●ももの関節のくぼみについた 20g ほどの塊肉のこと。
●繊維がきめこまかく、ソフトで品のよい味が特徴。
●ソリレスのみを調理することもある。

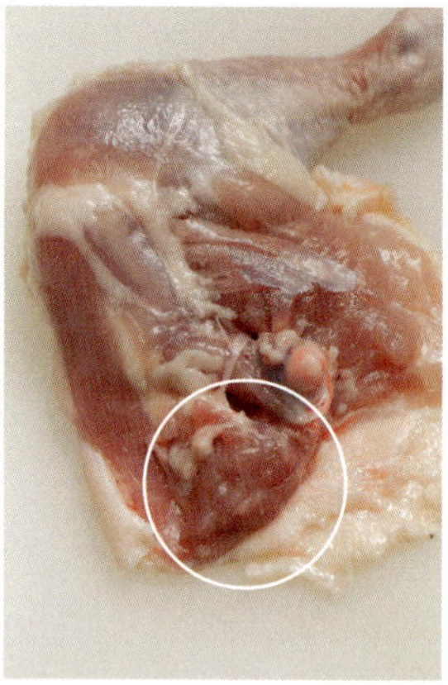

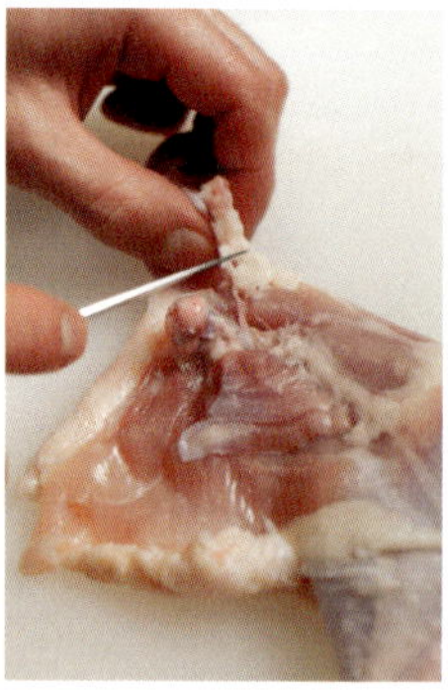

●ソリレスをはずすときは、ペティナイフで周囲のスジを切る。

ササミ

faut-filet　フォー・フィレ

●ササミははずして別に使う（すり身にしてファルスの材料などに）ことが多い。

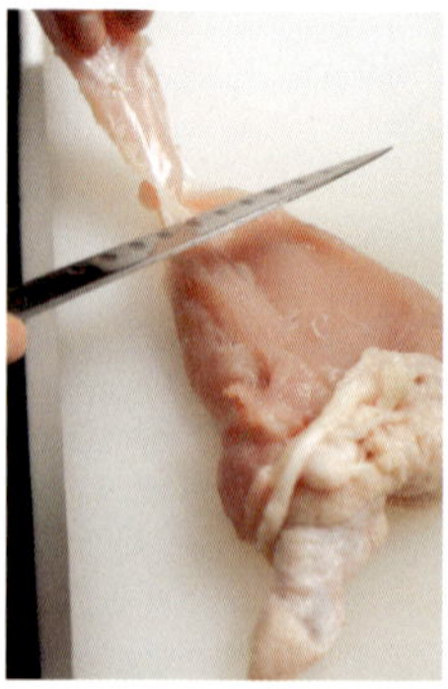

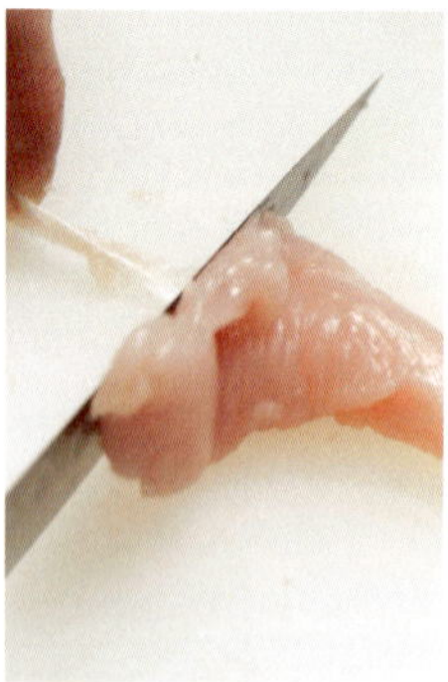

1 胸肉からササミをはずす。スジを下にして置き、スジの端を刃で押さえ、そのままひっぱって肉からはずす。

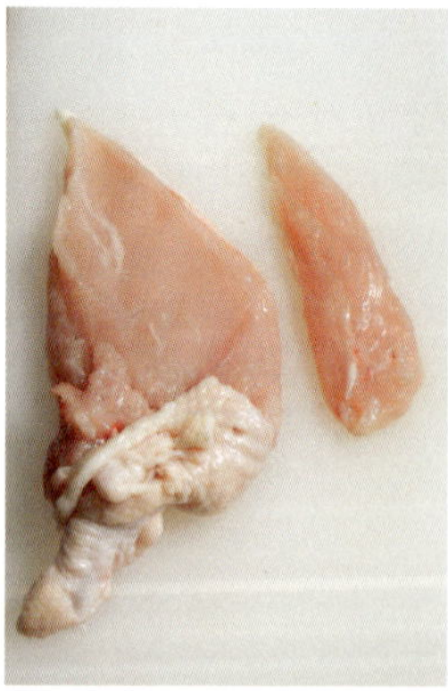

2 ササミを胸肉につけたまま調理することも可能だが、火の通りが早いのでかたくなりやすい。

鶏ガラ

carcasse カルカッス

●鶏のガラ（＝胸郭、首つる、足先）は、フォンやジュの材料にする。
●内臓抜きで入荷した鶏でも肺や心臓が残っていることが多いので取り除く。
●鴨やうずらなど、鳥類のガラの下処理はすべて同じ。
●鶏をさばいた後すぐに使わない場合は冷凍しておく。冷凍のガラは流水の下で解凍してからそうじする。

鶏ガラのそうじ

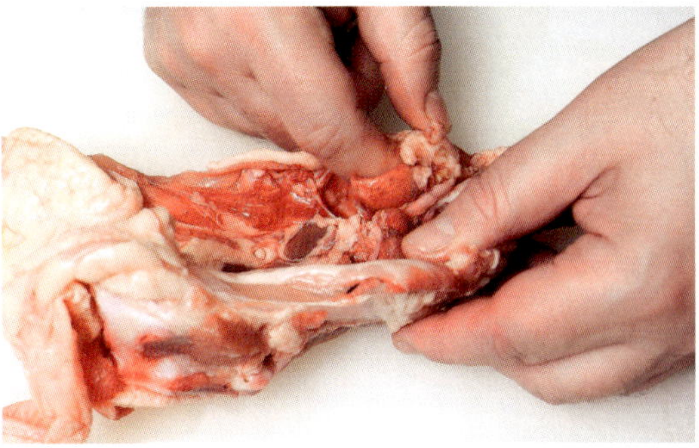

1 胸郭内に残っている肺、心臓などを指で取り出す。胆のうがあれば、つぶさないように注意して取り出す。
●胆汁の苦みは強烈で、肉に付くと使えなくなる。

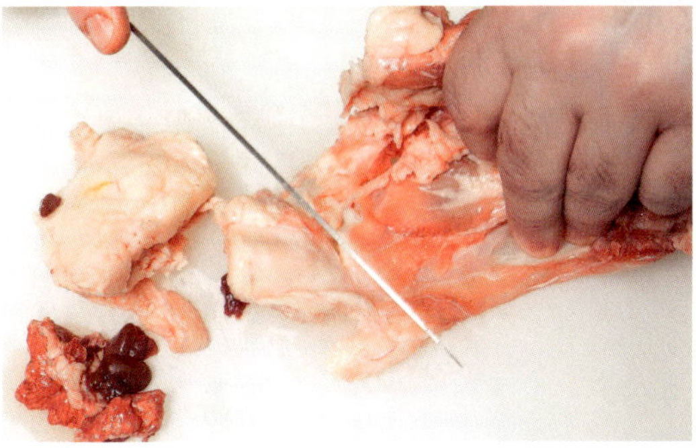

2 スジや脂肪も取り除く。

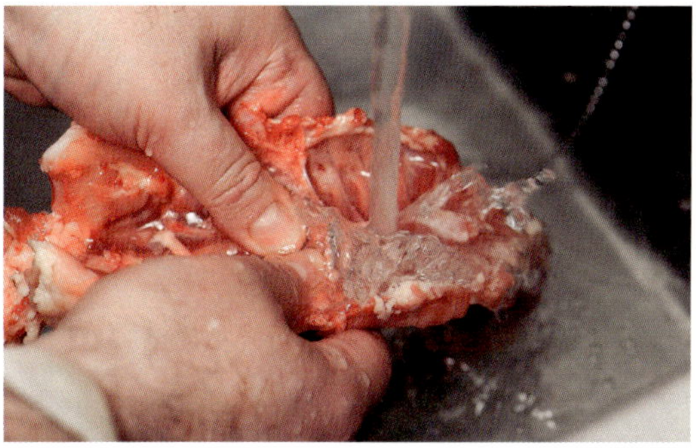

3 流水でよく洗う。骨の間も充分に。

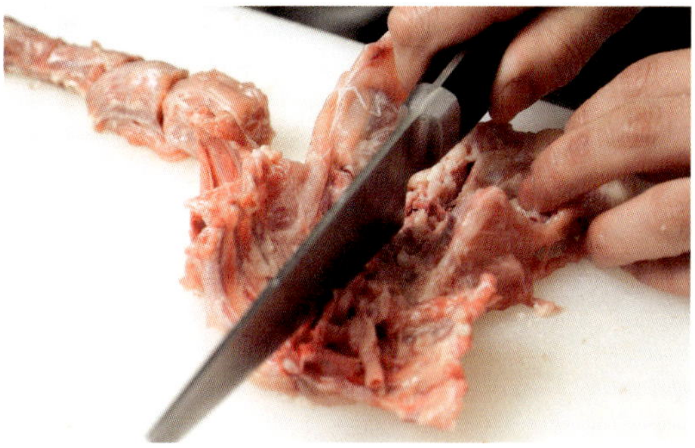

4 首つるに数カ所切り込みを入れる。胸骨の中心にも包丁で切り込みを入れる。
●厚い刃元の部分で叩くように切り目を入れる。

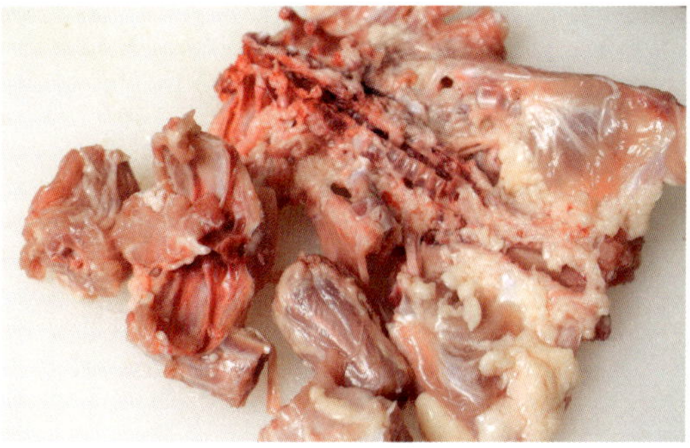

5 ぶつ切りにせず、大きな形のまま切り込みを入れるほうが扱いやすい。
●切り込みを入れることで骨からエキスが出やすくなる。

鴨の胸肉

bateau de canard

バトー・ド・カナール

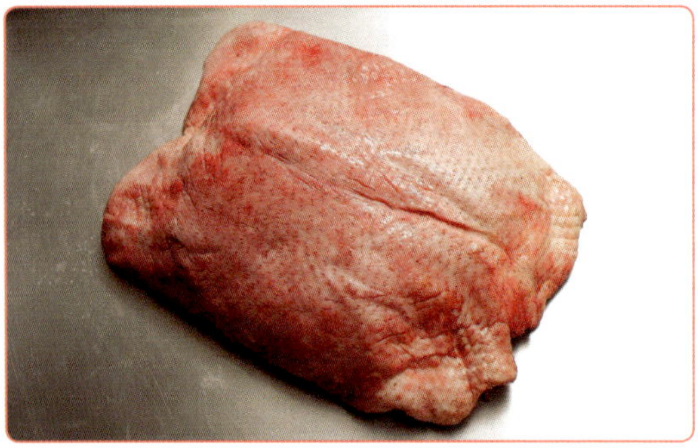

●写真は、鴨の骨付き胸肉ブロック。1羽から頭、両手羽、両ももを除き、腹を開いたもの。その形からバトー bateau（舟）と呼ばれる。

●レストラン向けとしてポピュラーな家禽鴨のカット方法で、バトー単位で注文できる。

●骨から肉をはずし、肉は料理に、骨はフォンに用いる。あるいは骨付きのままローストする。

❖ 胸肉を切り取る

filet de canard　フィレ・ド・カナール

●バトーから2枚の胸肉（フィレ）を切り取る。

●鴨は脂肪が厚いので、冷蔵庫から出してすぐに冷たい状態で作業する

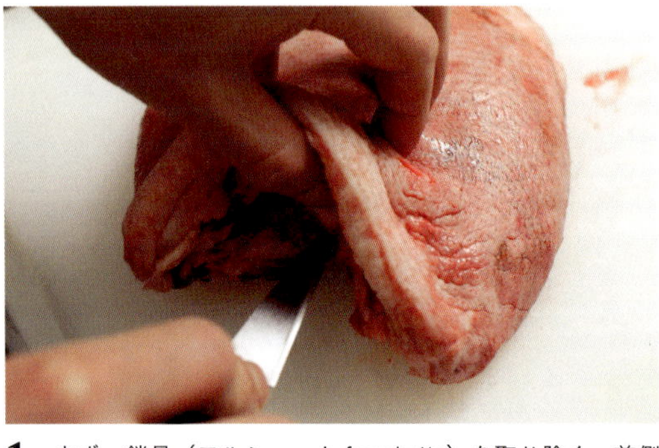

1　まず、鎖骨（フルシェット fourchette）を取り除く。首側から刃先を入れて鎖骨をさぐりあてる。骨の上部に刃を入れる。

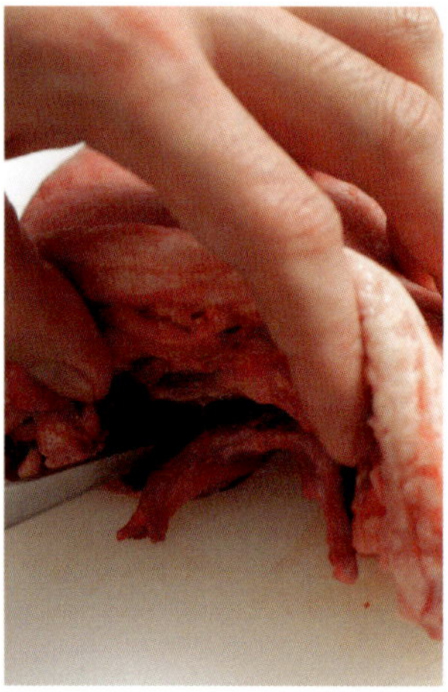

2　骨に沿って左右に刃を動かし、肉から切り離す。

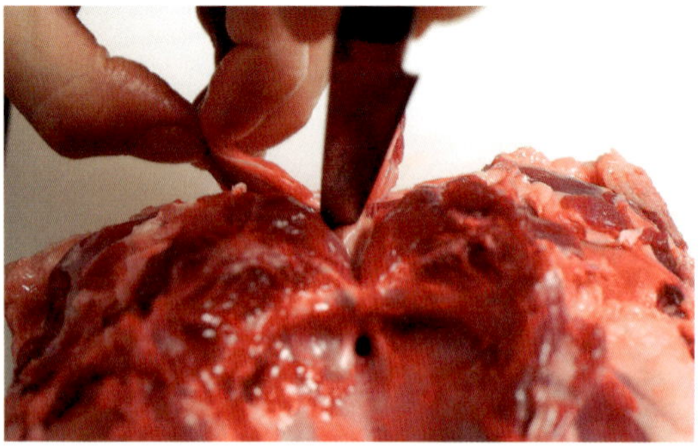

3　ひっくり返して、裏から鎖骨を切り離す。

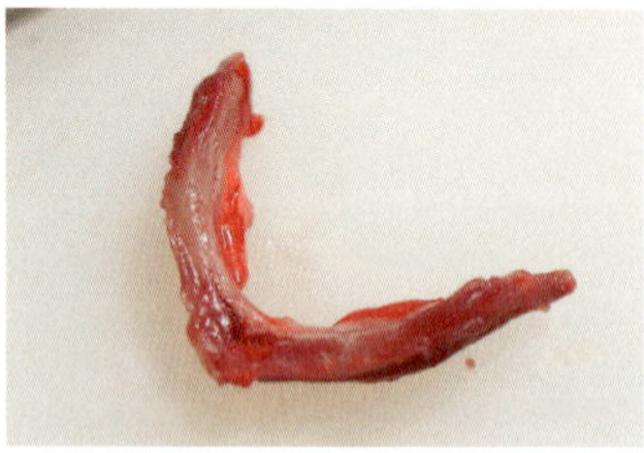

●はずした鎖骨。

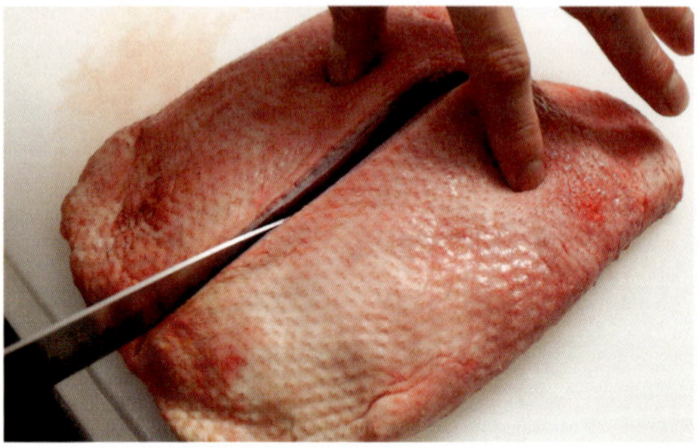

4　胸の中心に刃を入れ、胸骨にあたるまで差し込む。胸骨中央にある突起の片へりに沿って切り開く。

●突起（厚さ約3mmの板状の骨）がタテに通っているので、その片側に沿って包丁を入れていく。

●2本の指で皮を両サイドに開いて、骨の位置を確認しながら切る。

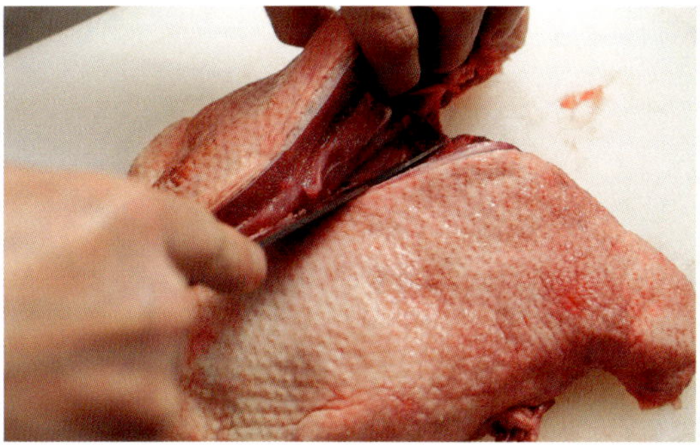

5 切り口から刃を入れ、胸骨に沿って肉を切りはずす。
●左手で胸肉をもち、刃を胸骨の表面にあてて少しずつ切り進む。

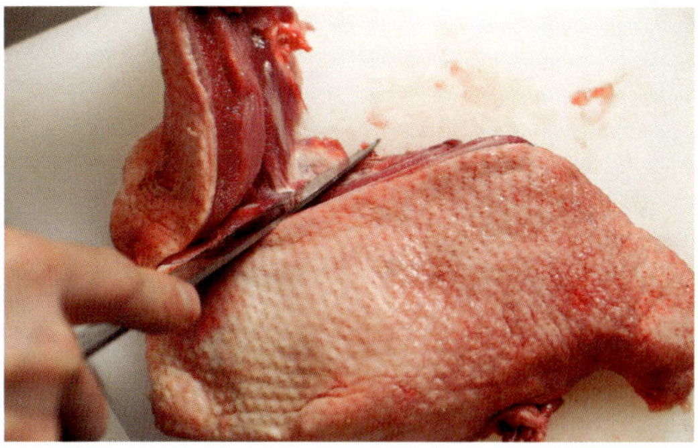

6 胸骨の端まで肉がはずれたら、胸骨と肉をつないでいるスジを切って肉をはがす。

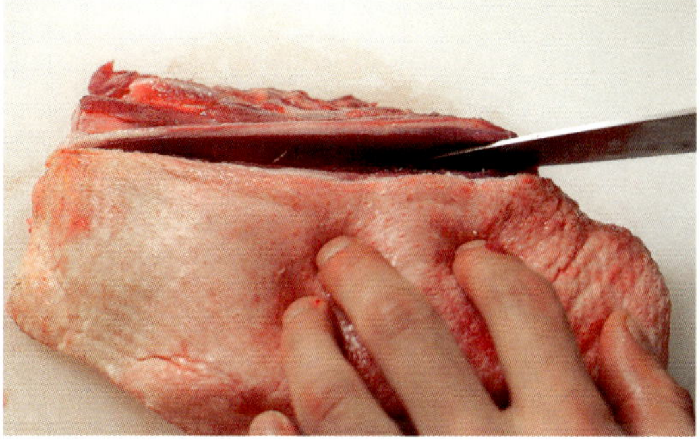

7 鴨の向きを変え、残した半身を同様に切り取る。まず、胸骨の突起に沿って包丁を入れる。

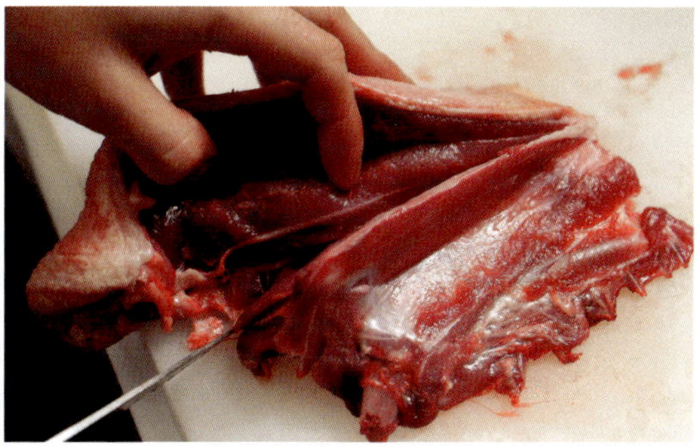

8 切り口から刃を入れ、胸骨に沿って肉を切りはずす。

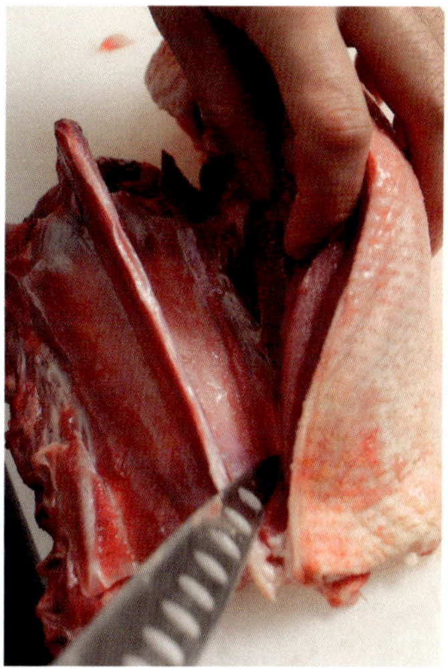

●（反対側から見たところ）。胸骨の表面に刃をあてて切り進む。

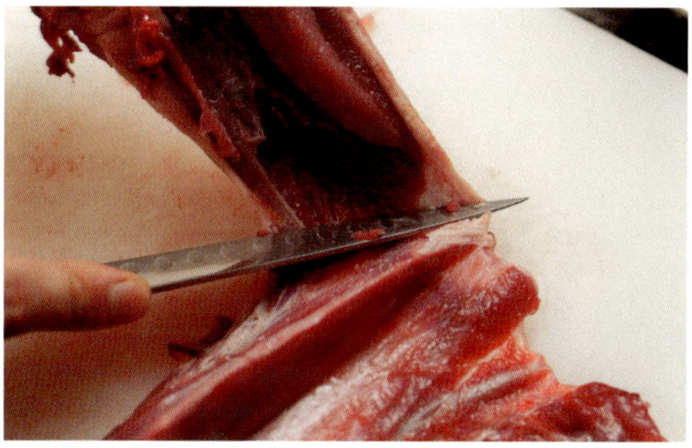

9 スジと皮を切り、肉を完全に離す。

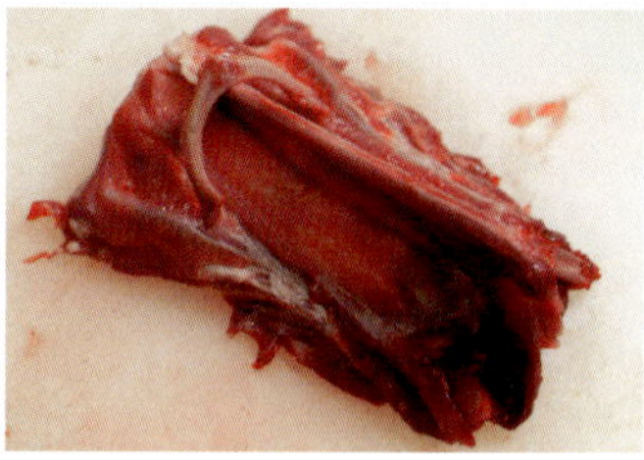

●カゴ状をした胸骨。中央に突起がある。

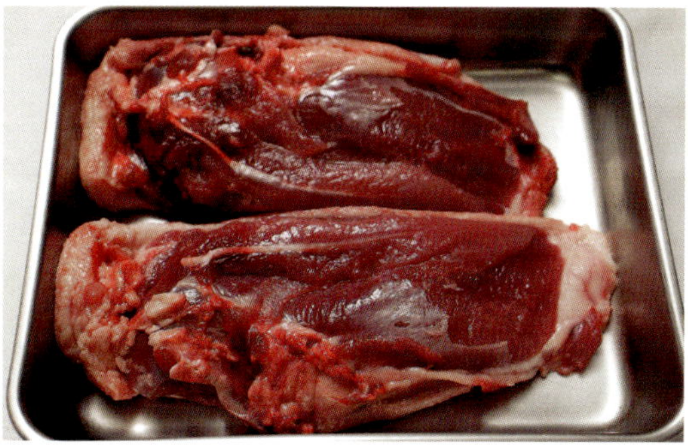

●１つのバトーからはずした、2 枚の胸肉。
●肉の部位名はフィレ・ド・カナール filet de canard。
●フォワグラ採取用に飼育した鴨の胸肉はとくにマグレ・ド・カナール magret de canard という。サイズは大きめで、脂肪分が多い。

❖ 鴨胸肉のそうじ

●胸肉をきれいに焼き上げるためには、ていねいな下処理が重要。おもな作業は、①余分な脂やスジを除く、②ササミを切り取る、③皮の表面に、細かく切り目を入れる。
●業者がおろしたフィレを使う場合も同様。

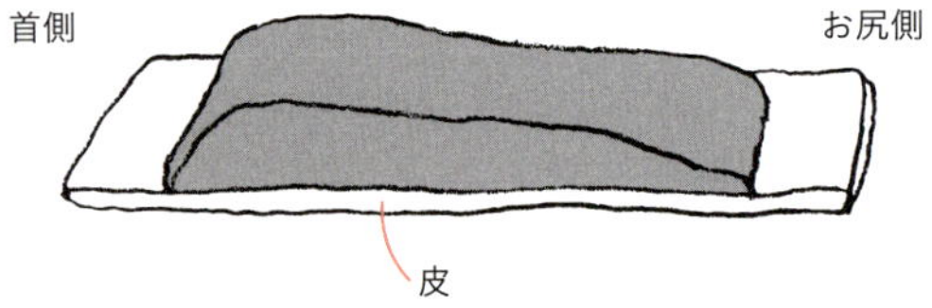

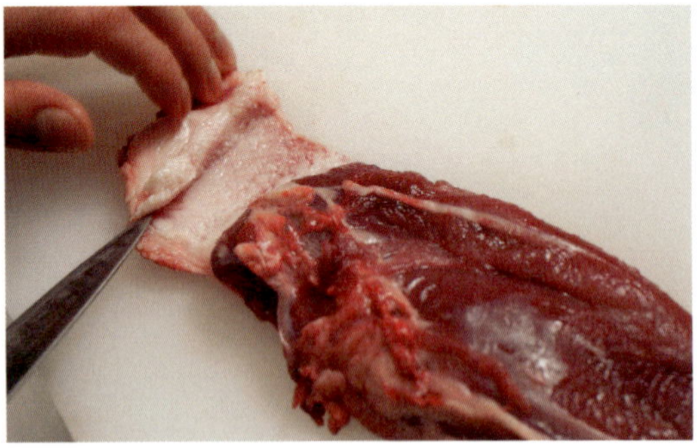

1 両端にはみ出た皮の裏の脂肪を、薄くそぐ。
●はみ出た皮は不要に思えるかもしれないが、焼くとちぢむので残しておき（逆に、赤身に揃えて切ってしまうと、焼きあがり時に肉の端がパサパサになりやすい）、表面の厚すぎる脂肪を軽く切り取る。

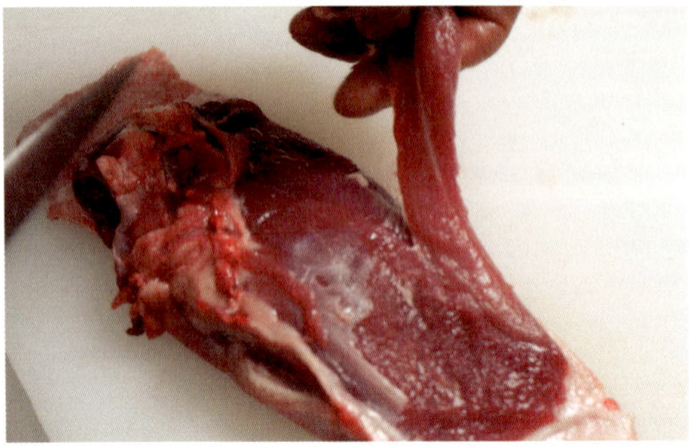

2 ササミを切りはずす。

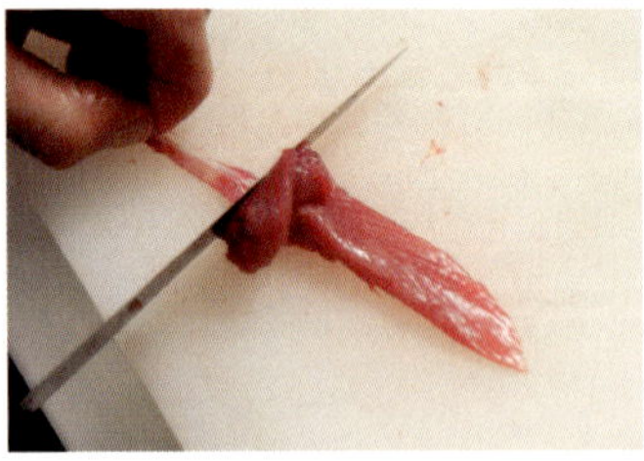

●表面にスジがある面を下にしてササミを置き、包丁でおさえながらスジの端をひっぱって取り除く。

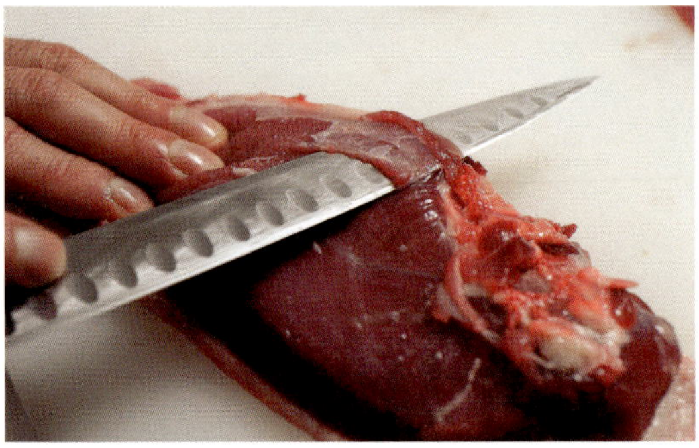

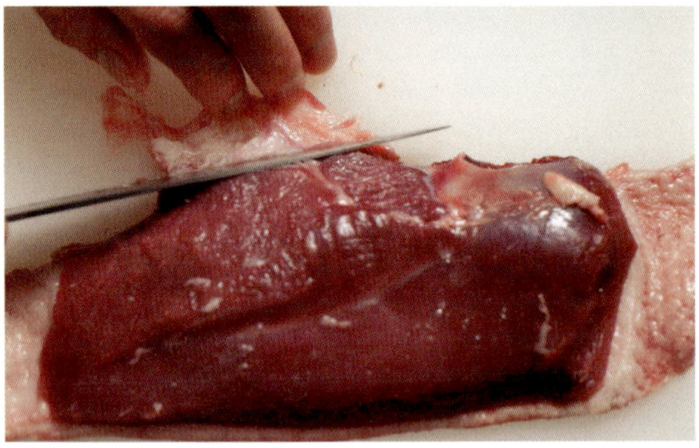

3 表面に残るスジや膜を、包丁でていねいにそぐ。

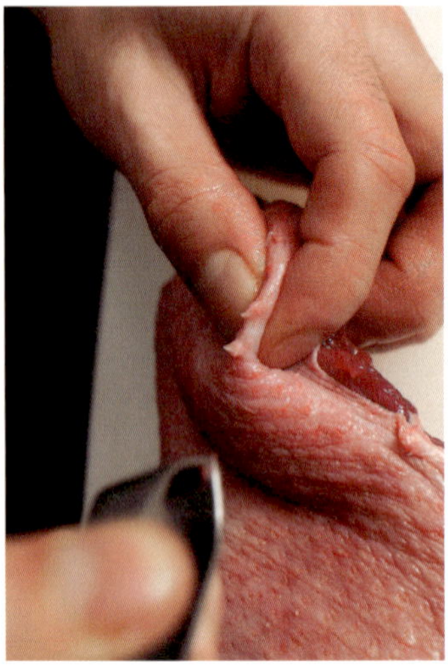

4 皮目を見て、毛が残っていたらピンセットで抜く。
●鴨は毛が残っていることが多い。全面をよくチェックすること。

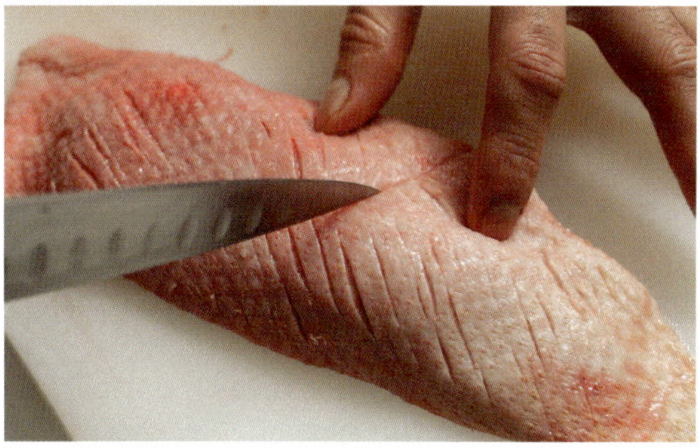

5 皮全体に深さ２～３mmの切り目を格子状に入れる。表面積を増やすことで脂が落ちやすくなり、カリッと香ばしく仕上がる。

●表面だけでなく、へりや端まで、細かく入れる。

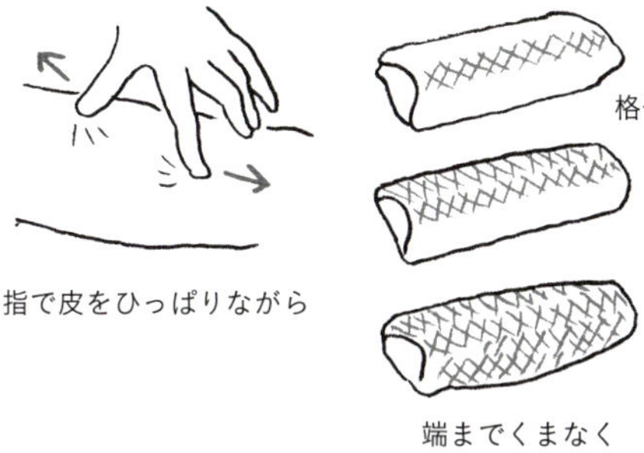
格子状に
指で皮をひっぱりながら
端までくまなく

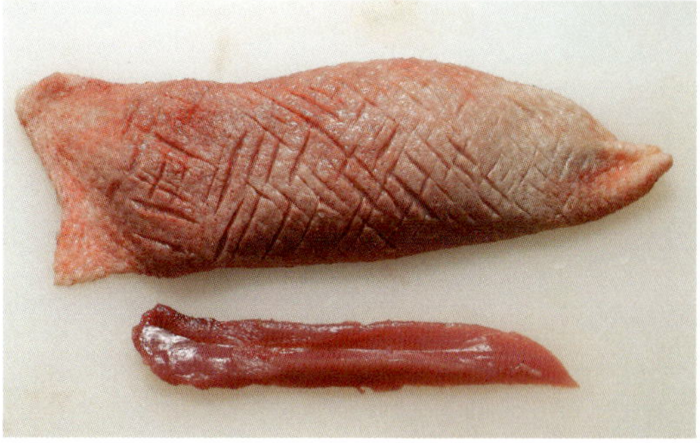

●裏側がはずれたら、チョッパーを使って背骨を切り取る（背骨からあばら骨を切り離す）。

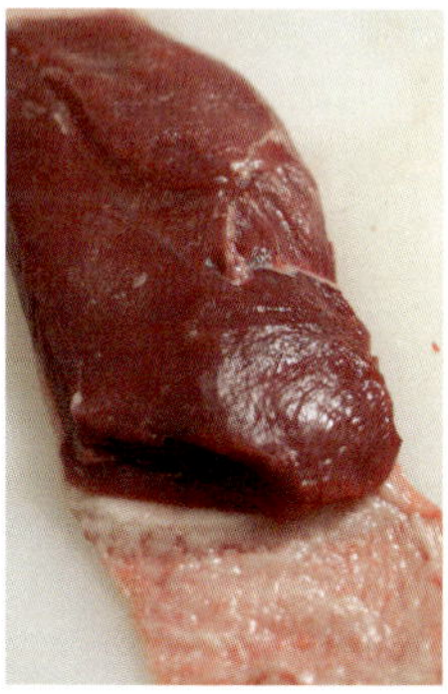

フランスでは「鴨は皮で焼く」、といいます。鴨の皮についた分厚い脂肪は、それ自身がおいしさであるのはもちろん、肉を焼くためのオイルであり、肉を火から守るカバーでもあります。脂肪をどれくらい残すか、効果的な火入れのために何をするかで、鴨のおいしさが決まります。

鴨ガラの処理

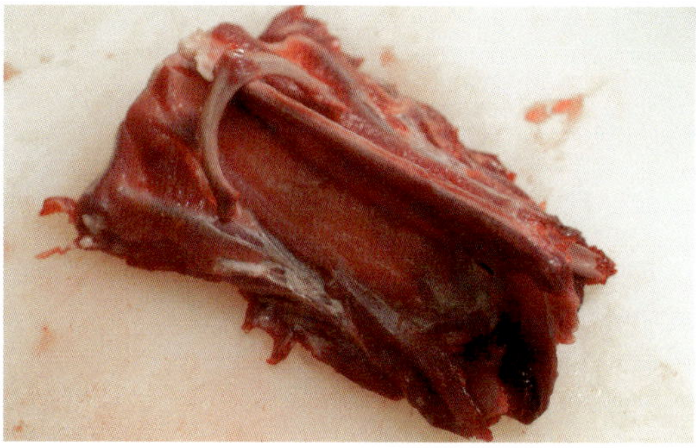

- ガラは、ジュやフォンの材料となる。
- 鴨の骨は固いので、カットにはチョッパーを使う。
- すぐに使わない場合は、まとめて冷凍保存しておく。

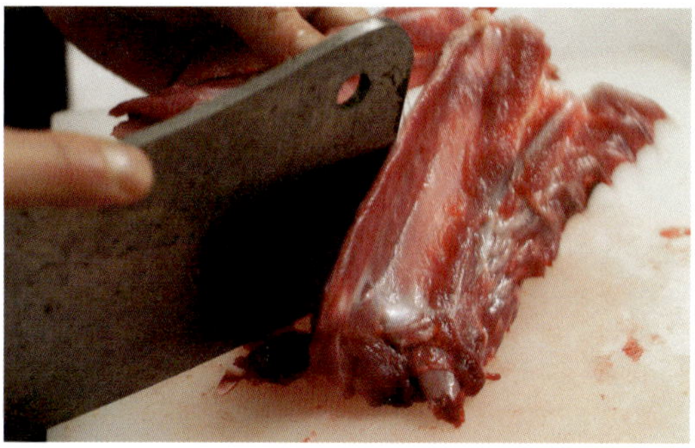

1 胸骨の中心にタテに刃を入れて半分に切る。

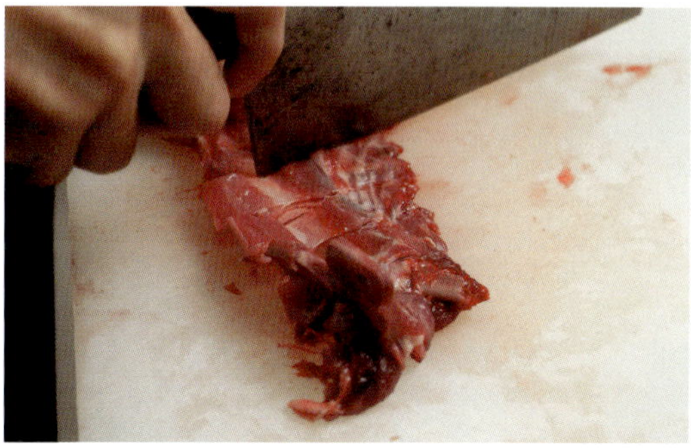

2 チョッパーの刃の角で叩いて、胸骨に切り込み入れる。

●２～３cm 間隔で数カ所に。

●よくダシを出させるため。

リ・ド・ヴォー

ris de veau リ ド ヴォー

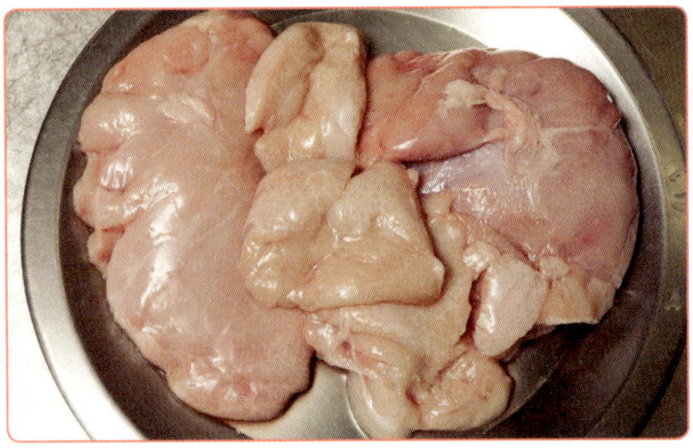

●仔牛の胸腺肉のこと。胸（のどの奥）にある部位で、成長するにつれて脂肪に変わるので、成牛にはない。
●水分が多く、内臓のようにやわらかい。淡白でミルキーだが、アクをもつ。下処理でアクを抜き、さらにブランシールしてからプレスして水分を除く。
●しっかり水分を抜くことで、やわらかさの中にも締まりが生まれ、心地よいテクスチャーになる。

リ・ド・ヴォーの下処理

●まずアク抜きをする。新鮮なものは流水に半時間ほどさらして抜く（リモネ limoner）。アクの強いものは酢を加えた水、または牛乳にひと晩つける（デゴルジエ dégorger）とよい。
●アク抜き後、ブランシール（下処理のためにさっとゆでる）して表面を固め、重石をしてプレスする。

1 リ・ド・ヴォーをボウルに入れ、30分間ほど流水にさらす（水は蛇口から細く落とす）。

2 水とともに鍋に入れ、火にかける。リ・ド・ヴォーの表面が白っぽくなったら火を止める。
●必ず水からブランシールする。

3 引き上げて冷水にとり、加熱を遮断する。
●約5分間流水にさらす。

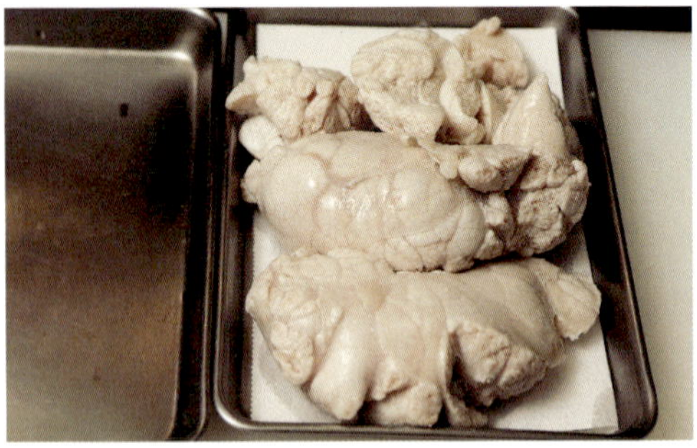

4 引き上げてペーパータオルを敷いたバットに並べる。
●ブランシールしたことで表面の薄皮が固まるので、目立つところをペティナイフで取り除く。塊のつなぎ目の皮を除くとバラバラになってしまうので注意する。

5 紙をのせ、バットと重石をのせてひと晩プレスする。
●銅の手鍋がほどよい重さ。重すぎるとつぶれるが、軽い重石では水分が抜けない。

ベーコン

lard fumé ラール・フュメ

●豚ばら肉の塩漬け燻製。

●塩漬けして燻製していないものはプティ・サレ petit salé という。

ラルドンに切る
lardon ラルドン

●ラルド larde（豚の背脂）からきた言葉で、ベーコンを細い棒状に切ったもの。

1 ベーコンの塊を約 5 mm 幅にスライスする。

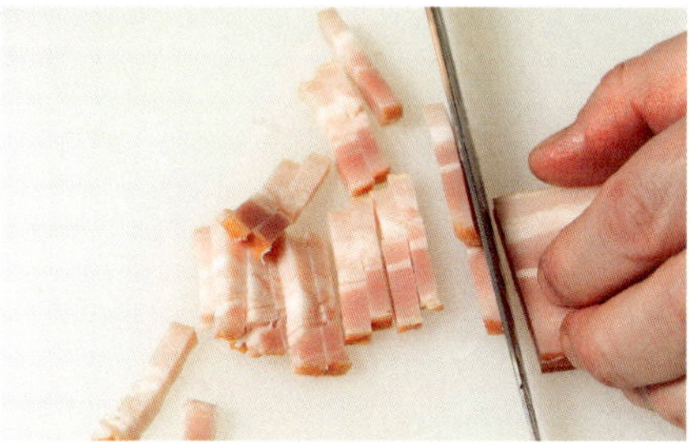

2 各スライスを約 5 mm 間隔で細切りする。

●ガルニテュールとして使う際の定番の切り方。いったんブランシールしてから使うこともある。

網脂

crépine クレピーヌ

●豚や牛の内臓をおおう網状の脂肪。豚のものが多い。

●ファルスを包んで焼いたり、（脂肪を補う目的で）小型の鳥や魚に巻く、などの使い方をする。

●不純物をきれいに掃除して使う。

網脂のそうじ

1 網脂をボウルにとり、血がきれいに抜けるまで流水にさらす。
●目につく不純物などは取り除く。

2 乾きやすいので水に浸けたまま（水はこまめに換える）保管（2 ～ 3 日は可能）し、使用時に水分を絞り、バットに広げる。
●保存する場合は水分を絞って冷凍する。

その他とフォン

aromates, fonds…etc

こしょう

poivre ポワヴル

●フランス料理におけるもっともベーシックなスパイス。
●香りがとばないよう密閉容器に入れ、熱の届かないところで粒のまま保存する。くだく、挽くなどの作業は使う直前に行なう。
●写真は一般的な白、黒、赤の粒こしょう。
•黒＝成熟前の実を、皮付きで乾燥させたもの。
•白＝完熟後、水にさらして皮をむき、乾燥。
•赤（ピンク）＝完熟後、皮付きで乾燥。
●緑こしょうは、未熟の実を塩漬けしたもの。

ミニョネット

mignonette
ミニョネット

●こしょうをくだいたもの。

1 粒こしょうを大きめの鍋に入れる。

2 別の小鍋の底を押しつけて、つぶす。銅鍋などの重い鍋がよい。

ブーケ・ガルニ

bouquet garni ブーケ・ガルニ

●複数の香草や野菜を、たばねて糸で巻いたもの。
●フォン・ド・ヴォーや肉のシチューを煮出す際に、香味材料として加える。調理後に取り出しやすいよう、まとめて縛っておく。

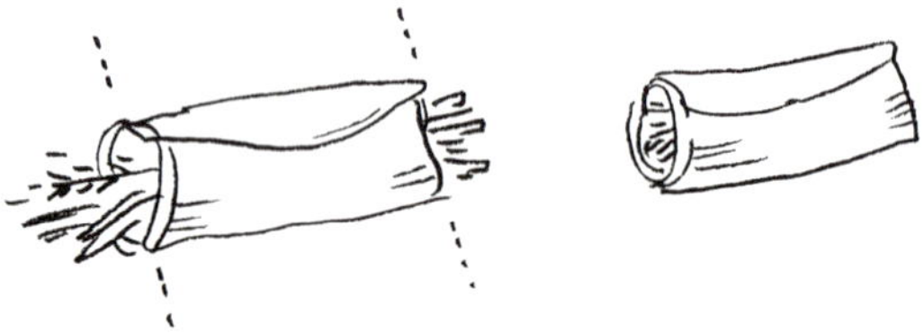

1 標準的な材料：ポワローの青い部分、タイムの枝、パセリの軸、ローリエの葉。
●ほかにセロリの茎、セージの葉などを加えることもある。

2 ポワローでその他の材料を包み、タコ糸で縛る（右ページ参照）。

長時間煮てもほどけない縛り方

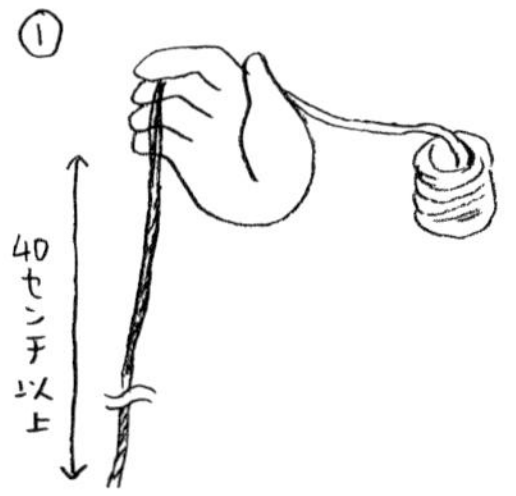
1
40センチ以上

人さし指と中指の指先に
糸をはさむ

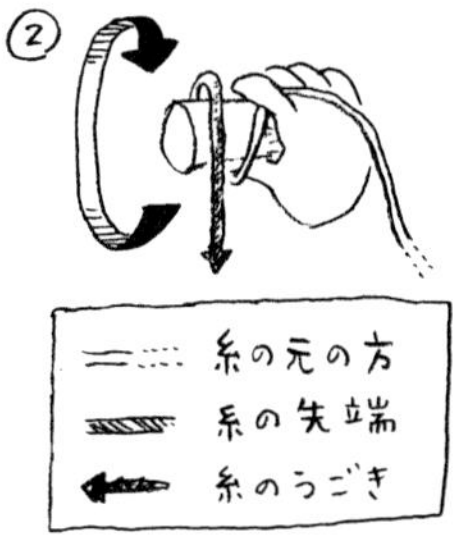
2
糸の元の方
糸の先端
糸のうごき

下から向こうへ巻く

3

手首を返し

4
上から向こうへ

材料を横に

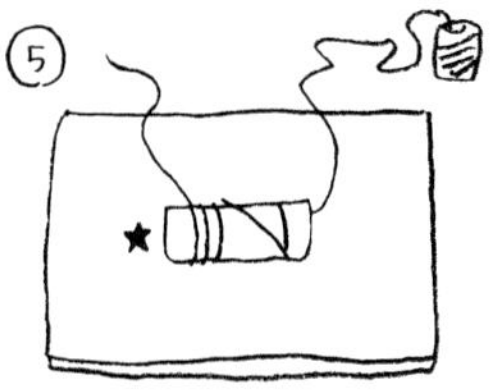
5

台に置く

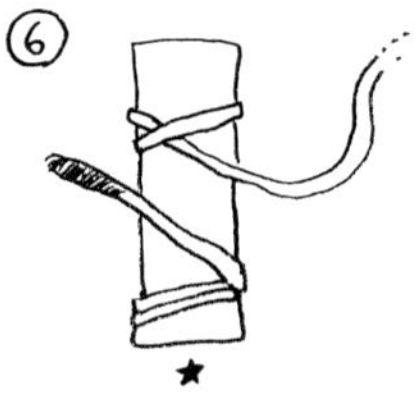
6

★印を手間に
90 度回転

7
手前からからげる

交差点がズレないように
押さえながら

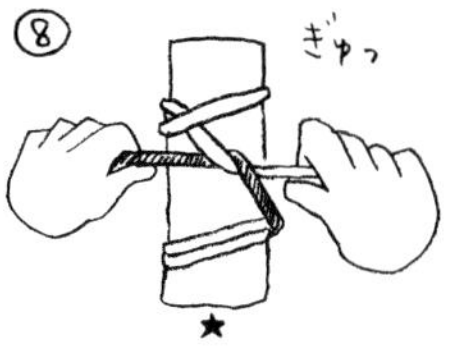
8
ぎゅっ

結ぶ

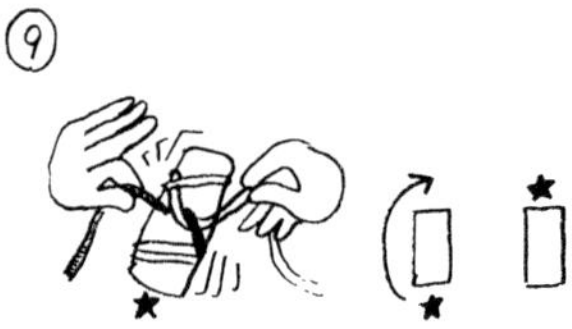
9

糸の位置はそのままにして
材料のみ水平に右 180 度回転
（ねじれをつくるため）

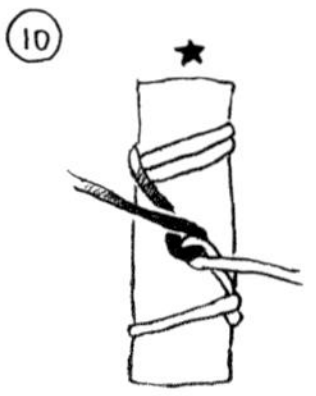
10

結び目が自然とねじれる

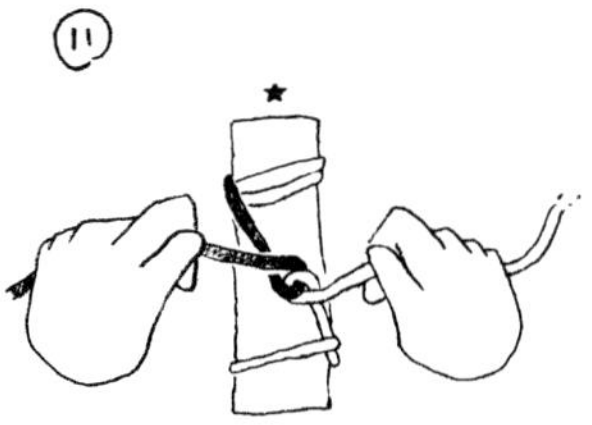
11

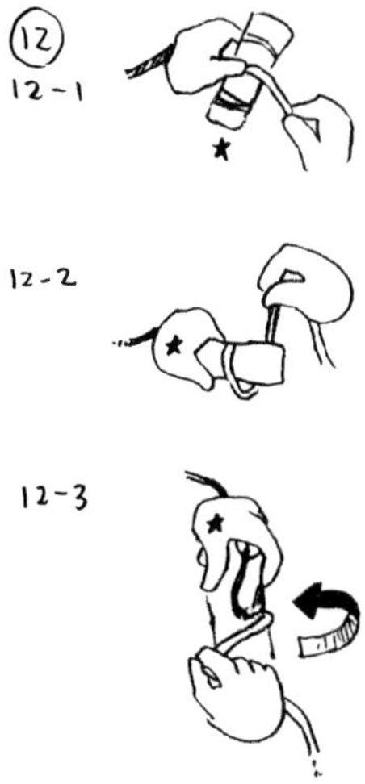
12
12-1
12-2
12-3

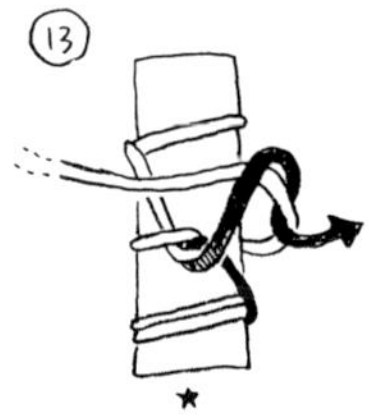
13

一旦ねじれをほどいて
元の方に先端を手前からからげる

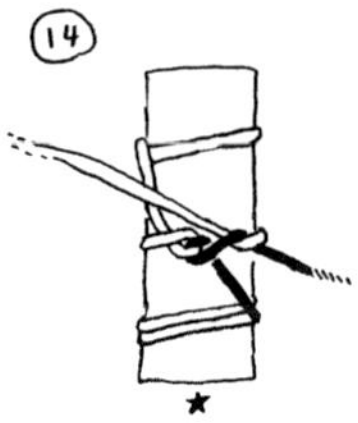
14

結ぶ

15

糸の位置はそのままにして
材料のみ水平に左 180 度回転

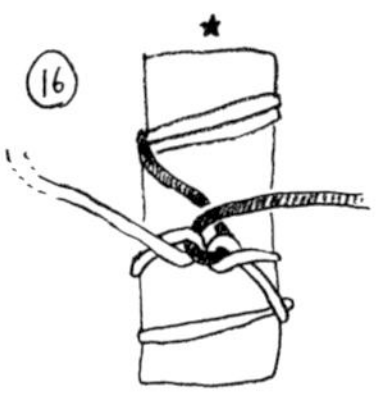
16

結び目が自然とねじれる

17

元の方に先端を
向こうからからげる

18

結ぶ

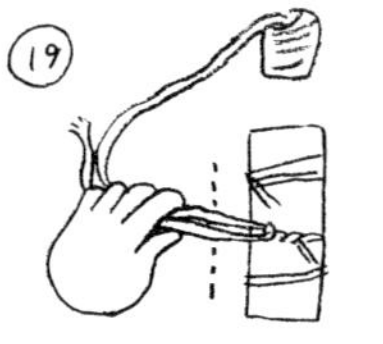
19

余分な糸を切る

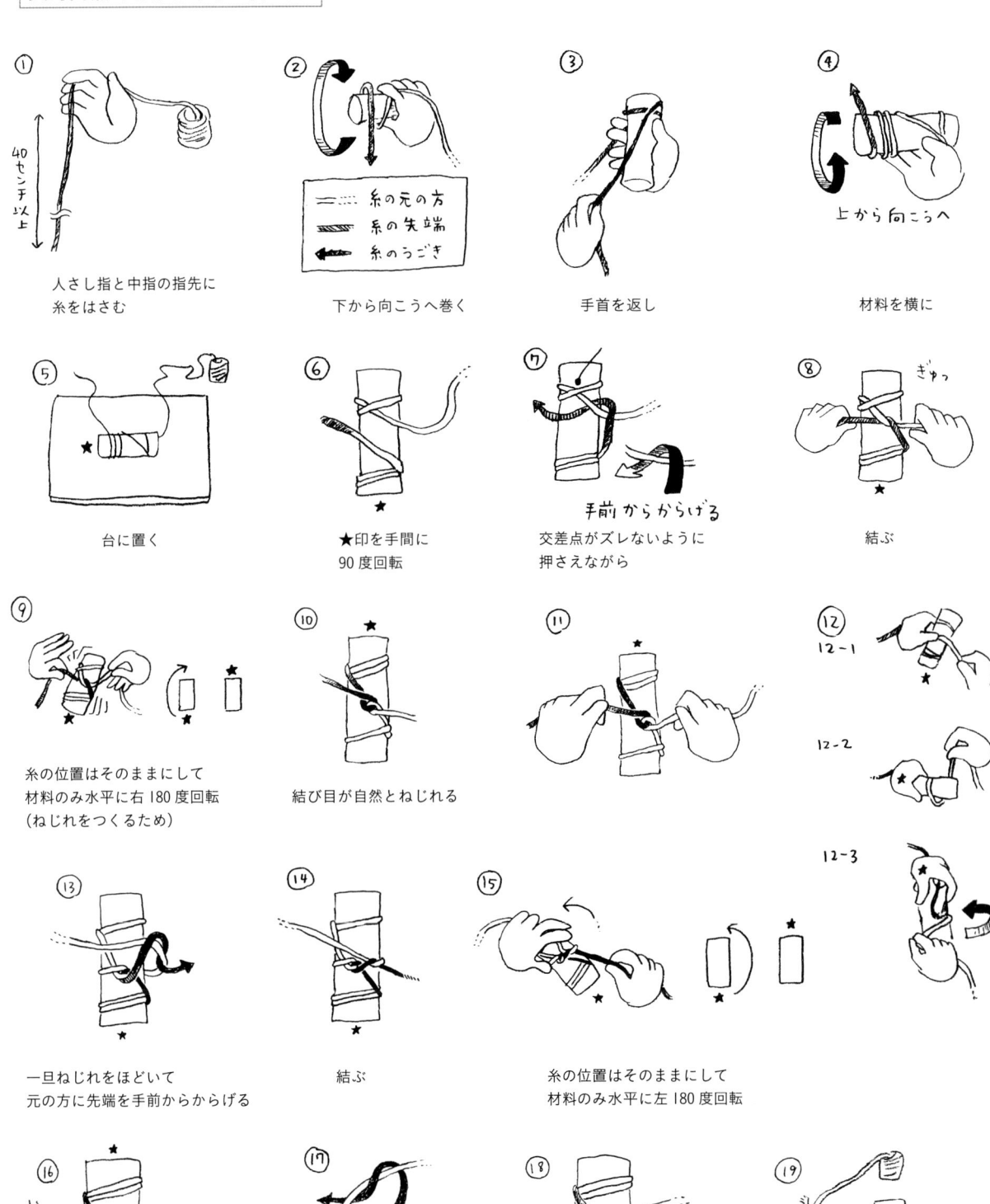

バター

beurre ブール

●バターは決まったサイズに角切りしておくと使いやすく、量も把握しやすい。
●固形で使用するバターは、冷えた状態であること。温度が上がってやわらかくなるとソースに加えたときにツヤがでない。

ポマードバター

beurre en pommade ブール・アン・ポマード

●固形のバターをゴムベラで練って、ポマード状にやわらかくしたもの。
●冷蔵庫から取り出してすぐに練る。溶けたり、練りすぎたりすると分離してしまう。

溶かしバター

beurre fondu ブール・フォンデュ

●バターを火にかけて溶かしたもの。

●乳白色に見えるのは乳しょう。

澄ましバター

beurre clarifié ブール・クラリフィエ

●溶かしバターから乳しょうを除いたもの。油脂としての純度が高くなり、沸点が上がる。

●溶かしバターをペーパータオルで漉す。紙に残った乳しょうは捨てる。

CHECK 加熱中のバターの状態

ブール・ムスー

beurre mousseux ブール・ムスー

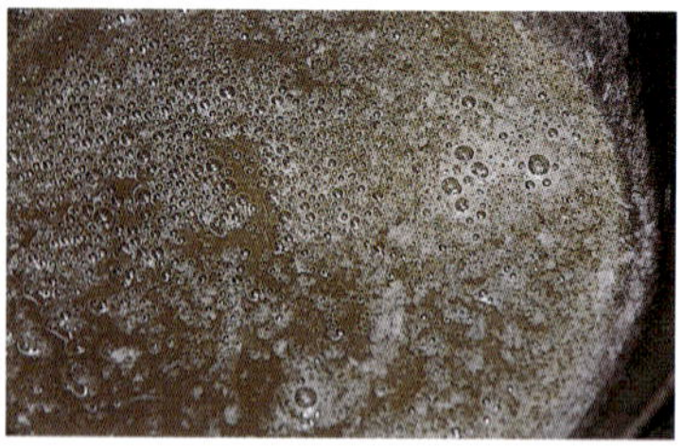

バターを火にかけ、ジュクジュクと泡だった状態。加熱を続けると色づいてくるので、この状態を保ちたいときは、泡が小さくなったら冷たいバターを加えて温度を下げる。

ブール・ノワゼット

beurre noisette ブール・ノワゼット

バターの泡が小さくなり、色づいて、ナッツのような香ばしさが出ている状態。「焦がしバター」と訳されるが、焦げ臭や苦みが出たら加熱しすぎ。

❖ 混合バター
beurre composé　ブール・コンポゼ

●バターに香味素材を混ぜたもの。料理やソースの香りづけや、ソテー用の油脂として使う。
●代表例は、エスカルゴバター（ニンニク、パセリ、パン粉などを混ぜたもの）、赤ワインバターなど。バターに液体を混ぜる場合は充分に煮詰めておく。

1　エスカルゴバターの材料例。
●バター 500g、エシャロットのアッシェ 75g、イタリアンパセリのアッシェ 40g、にんにく（牛乳で煮た）のピュレ 100g、パン粉 15g、1/3 量に煮詰めたオレンジ果汁 75g、コニャック 25g、パスティス 25g、塩適量、こしょう適量。

2　フードプロセッサーにバターを入れ、ゴムベラで練ってポマード状にやわらかくする。

3　パン粉とオレンジ果汁、塩、こしょう以外の材料を加える。1～2 秒ずつ、何度かに分けて器械を回す。ざっと混ざったら残りの材料を加えてさらに 1～2 回混ぜる。

4　ボウルにとり、ざっと混ぜ合わせる。

5　以下は保存のしかた。ラップフィルムに、ひとすくいずつライン状にのせる。

6　フィルムをロール状に巻く。

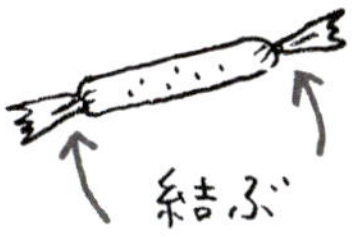

7　バターがすきまなく密着するよう、両端をねじって絞り込む。空気をできるだけ抜き、端を結ぶ。

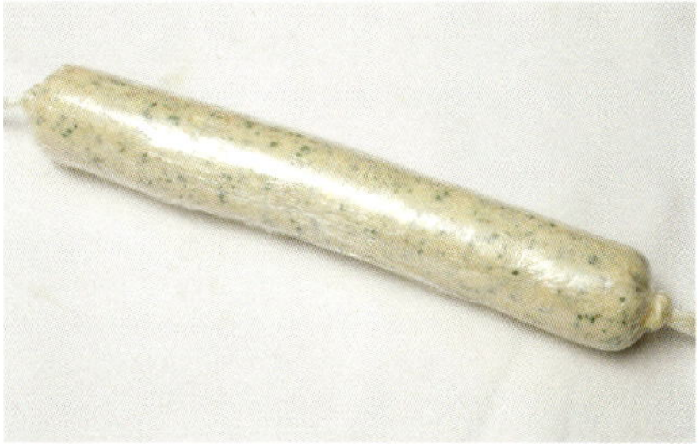

●冷蔵庫で保存する。冷凍することも可能。
●使用時にフィルムごとカットすればよい。

パン

pain パン

クルトン

croûtons クルトン

●食パンの白い部分（パン・ド・ミ pain de mie）をさいの目に切ってこんがりとソテーしたもの。
●スープの浮き実やサラダの具などにする。

1 食パンを 7 ～ 8 mm 幅に切り、耳を切り落とす。
●ここで使っているのはブリオッシュ生地のパン。

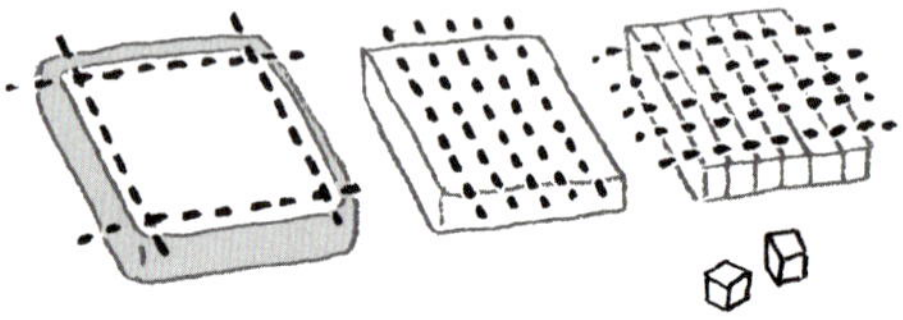

2 フライパンにバターを熱し、**1** を加えてソテーする。
●ブール・ムスー（p102 参照）の状態を保ちながらソテーすること。

3 パンがきつね色になったら、キッチンペーパーに上げる。

4 充分に油をきる。
●すぐに使わない場合は、完全に冷めてから密閉容器に入れる。

パン粉

chapelure シャプリュール

●食パンやバゲットの白い部分を挽いて、粉にする。
●パンの種類や挽き方のサイズは、目的に応じて決める。

1 使い残したパンを適当な大きさに切り、ひと晩乾燥させる。

2 フードプロセッサーにかけて、粉末にする。
●密閉容器に、乾燥剤とともに入れて保管する。2 ～ 3 日は保存可能。

板ゼラチン
feuille de gélatine
フイユ・ド・ジェラティヌ

●動物性のコラーゲンを薄い板状に固めたもの。
●熱すると溶け、冷えると固まる性質を生かして、液状の材料を固めるのに使う。
●板ゼラチンを熱い液体に直接加えてもきれいに溶けない。必ずいったんふやかしてから、使う。

❖ 板ゼラチンをもどす

●冷水に浸けて、ふやかす作業。
●使用直前に行なう。

1 バットに氷水をたっぷりとはる。
●水がぬるいとゼラチンが溶けてしまう。夏場は氷を多めにするとよい。

2 板ゼラチンを氷水に 10〜15 分間浸ける。やわらかくふやけていることを確認して、取り出す。

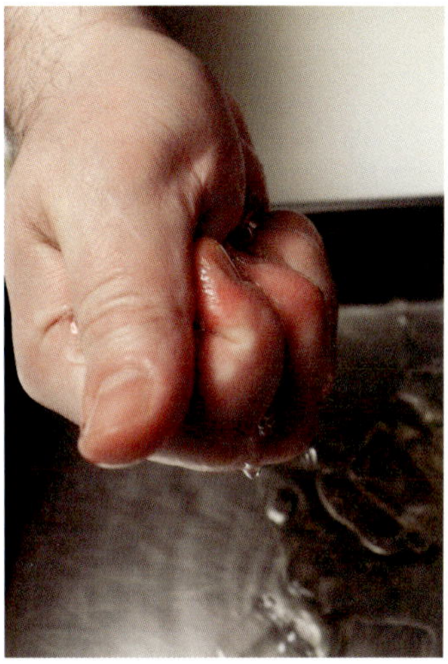

3 取り出したら水気を絞る。水が残っていると、料理の味が薄まってしまう。
●絞ったらすぐに使うこと。おいておくと固まってしまう。その場合は、再度氷水に浸けてもどしなおす。

フォン・ブラン

fond blanc　フォン・ブラン

●肉系の白いだし。肉や骨、香味野菜は焼かずに生から煮込み、白い（ブラン blanc）仕上がりにする。
●フランス料理のもっとも基本的なフォン。強い個性はもたせずに“旨みのある水”として幅広く使う。
●材料には鶏や仔牛が使われる。

❖ 鶏のフォン・ブランをとる
fond blanc de volaille
フォン・ブラン・ド・ヴォライユ

●鶏でとるフォン・ブランのこと。鶏ガラを使う。
●シャープな旨みが特徴で、鶏ガラにゼラチン質の多い手羽元を加えると、コクが強くなる。
●以下レシピ、プロセスは一例。フォンをとるうえでの基本ポイントを解説する。

●材料（仕上がり約 6L）
鶏ガラ……1 羽分　　玉ねぎ……2 個
にんじん……1 個　　セロリ……1 本
にんにく……1 株　　ブーケ・ガルニ……1 束
クローヴ……3 ～ 4 本　　粗塩……ひとつまみ
水……8L

1　野菜は塊のまま使う。火が通りやすいよう、にんじん、玉ねぎに十字に切り込みを入れておく。
●玉ねぎにはクローヴを刺しておく（p19 参照）。

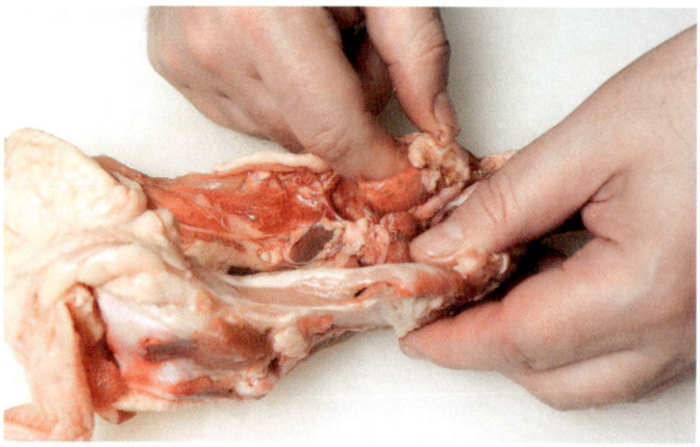

2　首つる、胸郭に切り込みを入れるなど、鶏ガラを処理する（ポイントについては p 91 参照）。

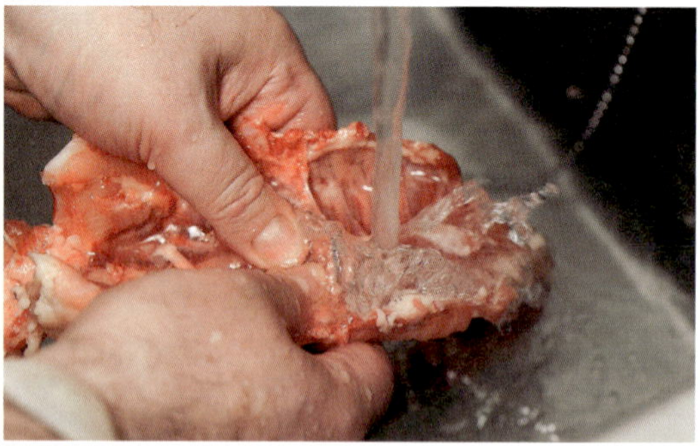

3　内臓が残っていたら必ず取り除く。脂肪がとくに多ければ、取り除く。

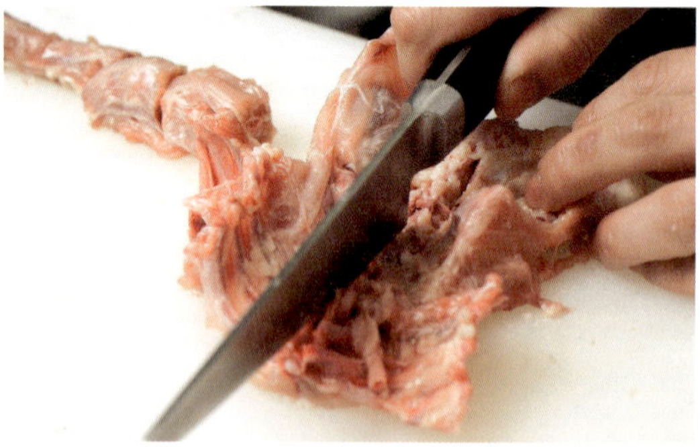

4　流水にさらして血抜きする。

5　ガラと水を鍋に入れて火にかける。最初は強火で沸騰させ、アクを引き出す。

CHECK エキュメ écumer（アクを除く）

●ガラに残る血液やタンパク質が固まってアクになる。
●最初に強火で一気に固めて取り除くことが大切。火力が弱いとアク成分がフォンの中に溶け込んでしまう。
●アクをすくったら火を弱め、フォンを煮出し始める。

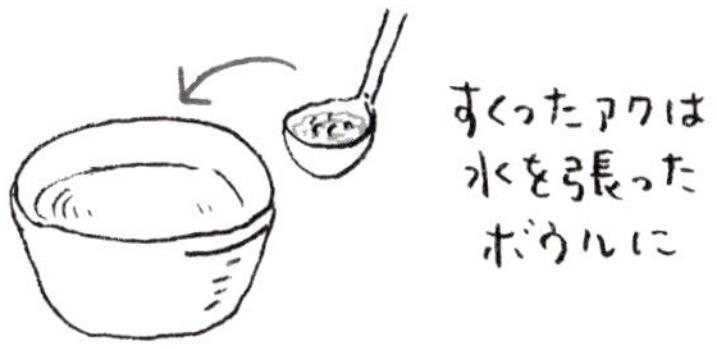
すくったアクは
水を張った
ボウルに

6 アクをきれいに取り除いたら野菜を加え、火を弱める。表面がフツフツと揺れる状態を保って煮出す。
●煮出しでは、火加減がポイント。液体が沸きあがるほど火が強いと濁りの原因となる。

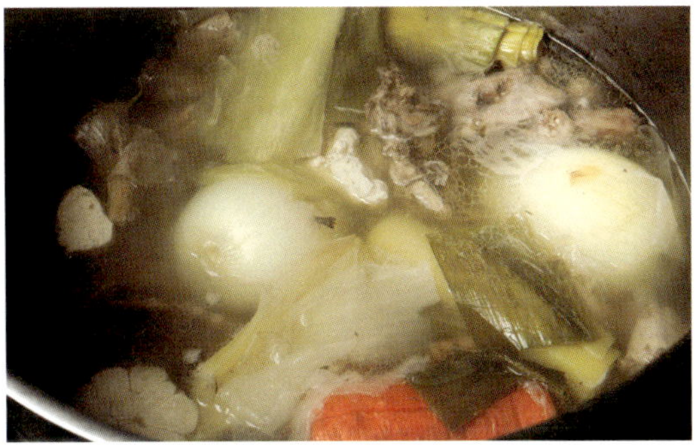

7 約6時間煮出した状態。アクは取って捨てる。ただし、脂は残しておく。

CHECK フォンを漉す passer au chinois

●フォンをシノワで漉す。
●シノワは目の粗いものと細かいものを、2枚重ねにする。
●レードルでフォンを1杯ずつ静かにすくい、シノワに通す。煮溶けた材料は、できるだけすくわないこと。

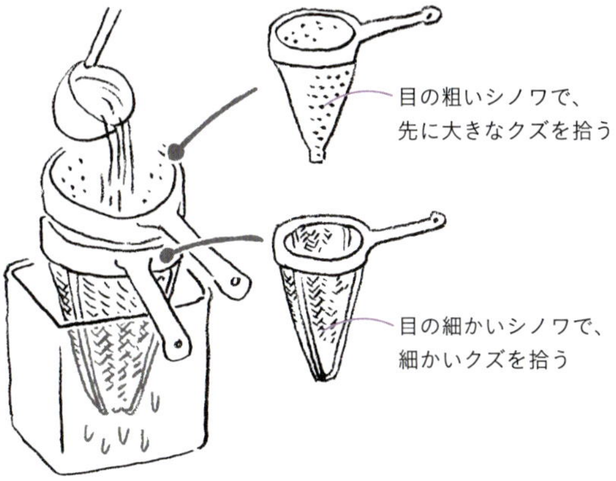
目の粗いシノワで、
先に大きなクズを拾う
目の細かいシノワで、
細かいクズを拾う

8 仕上がり。にごりのない、澄んだ状態であること。
●サービス時まで冷蔵庫で保管する。冷凍保存する場合は、真空パックするとなおよい。
●冷えるとゼリー状になる。

フォン・ド・ヴォー

fond de veau フォン・ド・ヴォー

●仔牛の骨と肉、香味野菜を、それぞれ焼いてから煮出したフォン。
●肉や骨を焼くことで香りやコクがプラスされる。さらにトマト・コンサントレを加えて煮込むことで、バランスのとれた味わいに仕上げる。

❖ フォン・ド・ヴォーをとる

●材料（仕上がり約 3 ～ 3.5L）
仔牛の骨……3kg　仔牛のくず肉……1.5kg
玉ねぎ……3kg　にんじん……200g
セロリ……75g　ニンニク……1 株
トマト・コンサントレ……60g　トマト……1/2 個
ブーケ・ガルニ……1 束　サラダ油……適量
粗塩……ひとつまみ　水（＋ 2 番だし）……5L

1 仔牛の骨を、サラダ油を熱したフライパンで焼き、鉄板に移して 250℃のオーブンで 30 分間焼く。
●フライパンで焼くのは表面の色づけのため。この後、オーブンでじっくりと火を入れて臭みを抜く。

2 仔牛のくず肉を、サラダ油を熱したフライパンで焼き、表面を均一に色づける。
●肉を焦がさないように、一面ずつ位置を変えながらきれいに色づける。

CHECK デグラッセ déglacer

●肉や骨を焼いた際、鍋肌にこびりついたスュック（エキス）を少量の水で煮溶かす作業。汁はフォンに加える。
●スュックには肉の旨みと香ばしさが凝縮している。デグラッセして、これを余すことなくフォンに生かす。

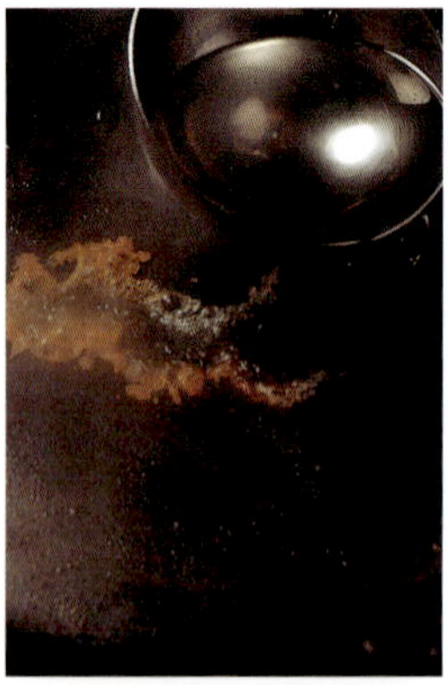

●骨を焼いた鉄板に水を少量加え、こびりついたスュックをこそげ落としながら溶かす。

●くず肉を焼いたフライパンにも水を少量加え、スュックを煮溶かす。

3 ミルポワに切った野菜をフライパンで炒める。まず玉ねぎを炒め、透明になったら他の野菜も加える。トマト・コンサントレを加える。
●フォンをよりしっかりと色づけたい場合は、半割にして表面が真っ黒になるまで焼いた玉ねぎを加える。

4 2で焼いたくず肉と、そこでデグラッセした汁を加える。このフライパンの鍋底についたスュックも煮溶かす。

5 焼いた骨、くず肉、野菜とデグラッセした焼き汁を寸胴鍋に入れる。ひたひたに浸かるまで水（と2番だし）を加え、トマト、ブーケ・ガルニを加えて強火にかける。

6 表面に浮いたアクと脂をていねいに取り除く。火を弱め、液面が軽く揺れる状態を保って、約10時間煮込む。

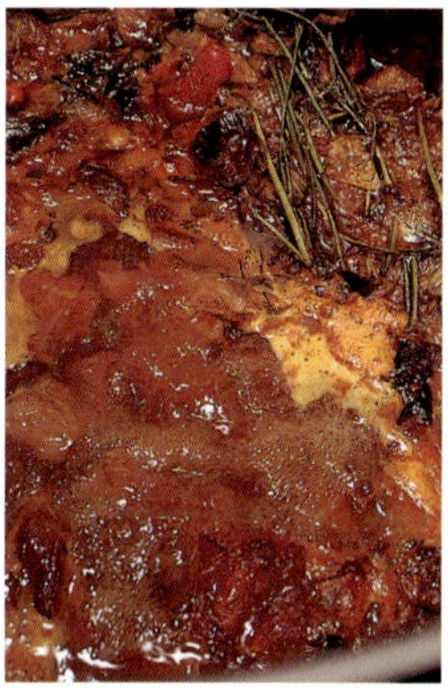

7 10時間煮込んだ状態。しっかりとした旨みとともにツヤが出ている。

8 レードルで材料ごとフォンをすくい、二重にした（p109参照）シノワで漉す。シノワに残った野菜類は木べらでやさしく押しながら、液体を絞る。

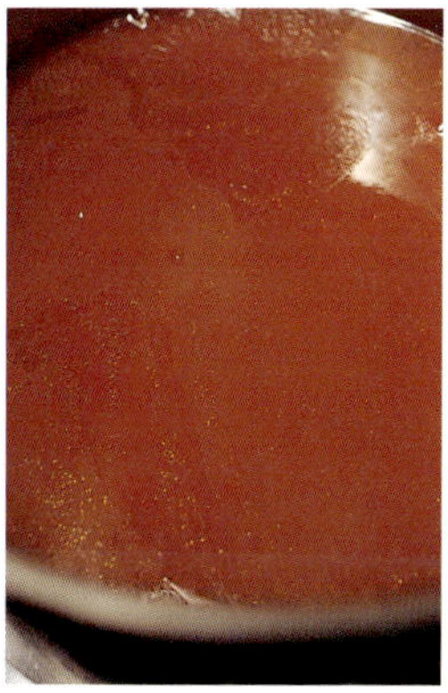

9 漉したフォンを再び火にかけ、表面に浮いた余分な脂をすくい取る。
●2番だしを取る場合は、残った材料を鍋に入れ、ひたひたに水を加えて火にかけ、沸騰後2〜3時間煮出す。

フォンを澄ます

clarifier　クラリフィエ

●フォンやブイヨンのにごり成分を取り除く作業で、ここで解説するのは卵白を使って澄ませる方法。卵白中のタンパク質コロイドがもつ吸着性と熱凝固性を利用する。
●肉系、魚系、甲殻類などのフォンやブイヨンからコンソメをとるときに行なう。
●クラリフィカシオン（澄まし材料＝ここでは卵白）に香味野菜を加え、フォンを澄ましながら同時に香りづけもする。さらにフォンと同系の肉や魚のミンチも加え、旨みを加えることもある。

オマールのフォンをコンソメに

●澄まし方にはいろいろな手法がある。以下は「少量（3リットル程度）のフォン」を「卵白＋野菜」のクラリフィカシオンで澄ます場合に向くプロセス。
●例として、オマールの頭でとったフォン・ド・オマールをコンソメにする。

1　フォン・ド・オマールを火にかける。
●オマールの頭と殻をオリーヴ油で炒めて色づけ、香味野菜（にんじん、玉ねぎ、セロリ、ニンニク）と塩を加え、軽く炒めたらコニャックでフランベ。さらに白ワイン、トマト、少量のトマト・コンサントレを加え、水を加えて煮出したもの。

フォン・ド・オマール……3.5L
卵白……6個分
トマト（コンカッセ）……1個
ポワロー（アッシェ）……75g
パセリ（アッシェ）……5g
カレーパウダー……0.5g
レモン汁……少量
氷（クラッシュアイス）……150g

2　卵白を泡だて器でかきたて、コシを切る？
●卵白は冷蔵庫から出した冷たいものを使う。

3　トマト以外の材料を加えて合わせ、混ざったらトマトとクラッシュアイスを加える。

4　フォン・ド・オマールが沸騰したら弱火にする。レードルでかき混ぜながら、**3**を加える
●熱い液体に冷たいクラリフィカシオンを加えることが重要。いったん温度が下がるので卵白がゆっくりと固まり、その過程でアクを吸い込む。クラリフィカシオンが常温だと一気に卵白が固まってしまい、アクを吸収しきれない。

5　しばらくすると卵白が浮いてきて表面で固まり始める。

6 「蓋」がしっかり固まったら、中央をレードルでつついて穴を開ける。

7 液面が軽く沸く状態を保ってさらに加熱する。
●フォンを軽く沸かせておくことが大切。沸きあがる液体が穴から顔を出し、周りの膜に触れてアク成分が吸着する。

8 しばらくしてフォンが完全に透明になったら火を止める。穴からレードルで1杯ずつすくいとる。
●卵白の「蓋」を壊さないように、そっとすくう。

9 すくった液体は、目の細かいシノワ→キッチンペーパーの順に通す。

●網にキッチンペーパーをのせ、その上に目の細かいシノワをのせるとよい。

●全部すくい終わると、鍋の底に卵白の「蓋」が残る。

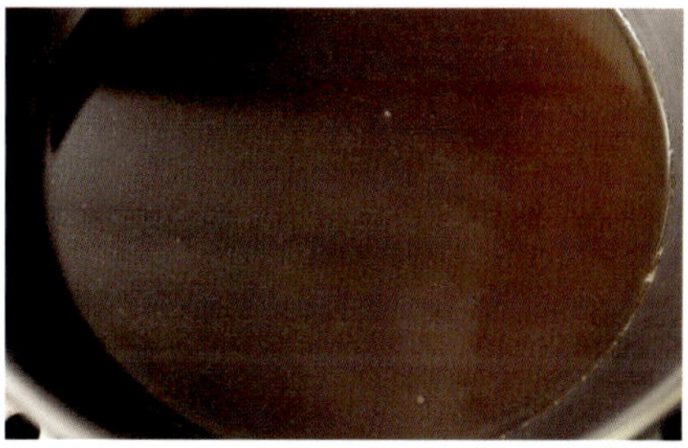

10 きれいに澄ませたコンソメ・ド・オマール

澄まし方にはいろいろな方法があります。昔から知られているのは、クラリフィカシオンを入れた鍋に冷めたフォンを注いで火にかけ、かき混ぜながら加熱する、というもの。温度の上昇に時間がかかりますが、一度に大量に澄ます場合や、ダブルコンソメをとる（材料に肉ミンチを加えて旨みを抽出する）場合は、それが必要になります。ただし、昔と今ではコンソメの位置づけも変わりました。現代の小〜中規模レストランには大量のコンソメを仕込む機会はめったにないのではないでしょうか。1軒の店が普通に使う量であれば、ここで紹介する「熱いフォンに冷たいクラリフィカシオンを加える方法」が便利です。古典的な方法に比べて、短時間にさっと澄ますことができます。

道具の使い方

utilisation des matériels

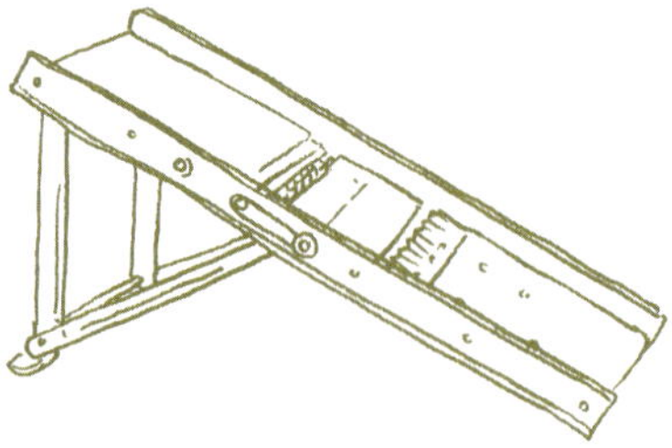

シノワ chinois　パソワール passoire

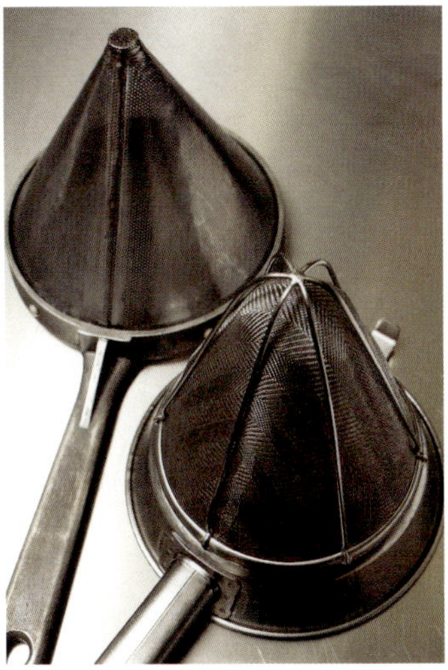

網が張られた「目の細かいシノワ」。

一面に穴の開いた「目の粗いシノワ」。

パソワールと茶漉し。

- 漉し器のこと。液体から不要なものを取り除いたり、よりきめこまかい状態にしたりするために使う。
- シノワは円錐形の漉し器。一度にたっぷりの液体を漉すことができ、上から材料をへらで押して水分を絞るときに力を入れやすい。
- シノワは目の粗さの異なる 2 種を重ねて使うことも可能。効率よく、細かく不純物を除くことができる。

材料を押さずに漉す

透明なフォンをとりたい場合は、液体だけを静かに通す。煮出し材料を押したり触れたりすると、液体が濁る。

紙や布で漉す

とくに液体の純度を高くしたい場合は、布や紙をシノワにのせて漉す。

材料を押しながら漉す

煮出した材料のエキスをもれなく抽出したい場合は、煮出した材料を木べらなどで押して、しっかりと煮汁を絞りとる。

ソースの仕上げに漉す

目の細かい網に通し、なめらかに仕上げる。

タミ tamis

●写真は網の付け替えが可能なタミ。材料によって網の目の粗さを選ぶ。
●馬の毛を張ったタミもある。

●円柱形の裏漉し器のこと。
●材料を網にのせ、へらで押し通して漉す。ほかに液状のものを漉す、粉をふるうなどにも使う。
●タミの使用後は必ず水で洗う。湯で洗うと、漉した材料のタンパク質が凝固して目が詰まってしまう。

タミで漉す

●材料の性質（かたさ、粘り、繊維の多さなど）に応じて、押しつける力を加減する。
●かたいものは、両手を使って（木べらを握る手をもう一方の手で押しながら）漉す。
●ファルス用の肉のすり身を漉す際は、熱をもたせないよう少量ずつ手早く漉す。

1 材料は少量ずつ網の上にのせる。タミの下にはボウルを置く。

2 へらやコルネで、材料を上から押さえながらのばし、網の目に通す。

3 漉し終えたら、タミを裏返して網についた材料をすくいとる。

4 なめらかになった状態。

ムーラン moulin

野菜のピュレ用。

粗いピュレやスープ・ド・ポワソン用。

●野菜の裏漉し器。すり鉢の底に穴あきパレットをはめ、上から羽状の刃を回転させて、材料をつぶしながら穴に通す。
●とくにじゃがいものマッシュには最適な道具。タミを使うと粘りが出てしまうが、これで漉すとピュレがふんわりと仕上がる。
●スープ・ド・ポワソンをつくるとき、魚の身をすりつぶしながらスープを漉すのにも使う。

❖ ムーランで漉す

●刃がスムーズに動くよう、一度に少量ずつ材料を加える。
●刃を回すうちに材料が外側に集まってくるので、スプーンで中央に寄せる。

1 ボウルの上にムーランをのせる。材料を少量加える。

2 ハンドルを回してすりつぶす。

3 裏返して、パレットの裏についたピュレも落とす。

4 ムーランで漉したじゃがいも。

ポッシュ poche

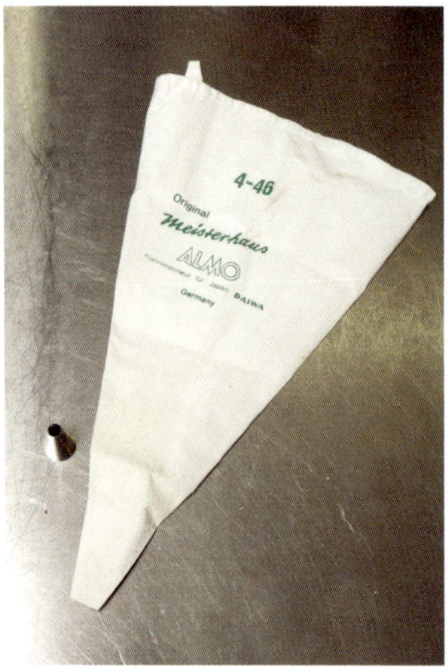
4-46
Original
Meisterhaus
ALMO
DAIWA
Germany

●袋の中に口金を入れて先端にねじ込み、固定させて使う。
●ファルスを詰めたら、袋を握って絞り出す。
●ファルスが少量の場合は、袋の余りを指にかけると絞りやすい。

●絞り出し袋のこと。
●クリーミーなファルスやピュレを型などにきれいに詰める、小さく絞り出して盛りつける、などに使う。
●使い終えたら袋を裏返してよく洗い、そのまま乾燥させる。使い捨てのビニール製の袋もある。

コルネ cornet

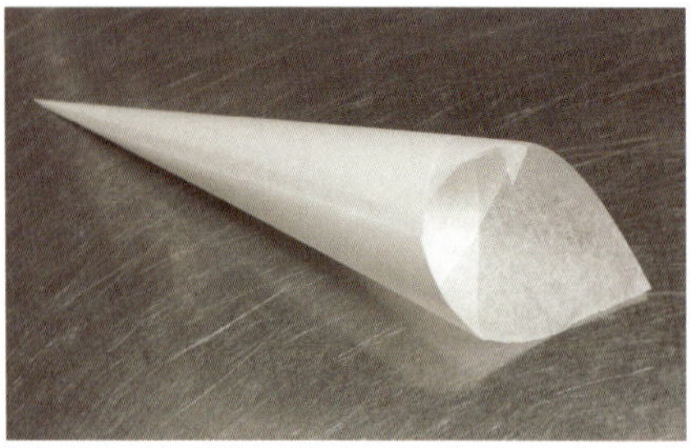

●ハトロン紙を折ってつくる、コルネ（角）型の小さな絞り袋。
●少量のソースやチョコレートなどを細く絞るために使う。

ハトロン紙でコルネをつくる

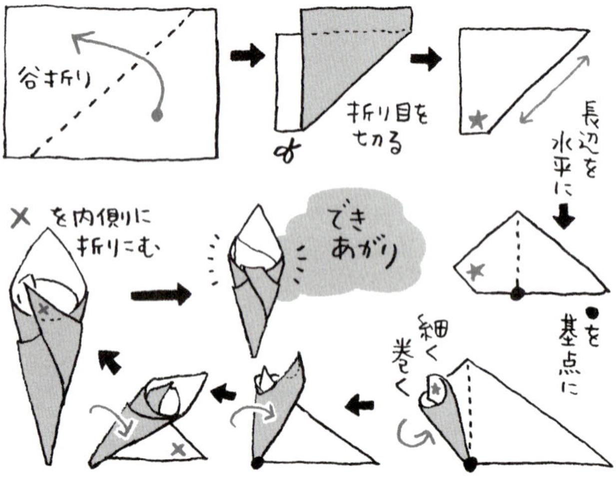
谷折り
折り目を切る
長辺を水平に
●を基点に
細く巻く
×を内側に折りこむ
できあがり

コルネに材料を詰め、口を閉じる

ソースを詰めたら口をおさえる。

左右から折り込んで口をふさぐ。

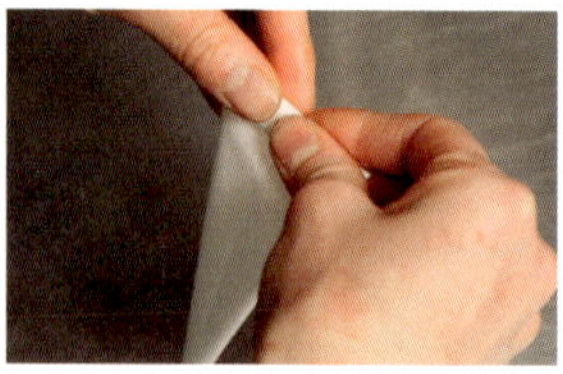

材料が満杯になるまで折り込む。

この状態で使う。

マンドリーヌ mandoline

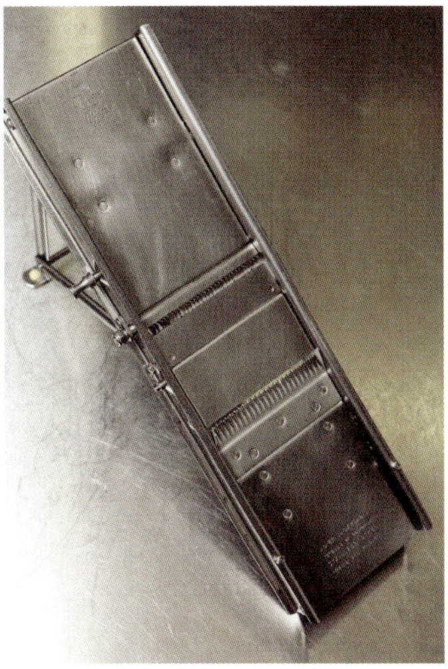

●必要な刃を付け、厚さを調整する。しっかりと固定させて使う。
●材料を刃の上にスライドさせて切る。

●野菜用のスライサー。刃の付け替えと、厚さの調整が可能。
●極薄に切る、大量に切るなどの場合にとくに便利。じゃがいもをゴーフレット切るには必須（p43参照）。

［著者］

ドミニク・コルビ　Dominique Corby

1965年パリ生まれ。1994年に来日、「ラ・トゥールダルジャン東京店」（ホテルニューオータニ東京）のエグゼクティブシェフに。その後「ホテルニューオータニ大阪・レストランサクラ」、「ル・シズィエム・サンス・ドゥ・オエノン」、「ル・コルドン・ブルー東京校」を経て、2015年3月に「フレンチ割烹ドミニク・コルビ」を開業。

●フレンチ割烹ドミニク・コルビ
東京都港区新橋2-15-13　エレガンス新橋ビル5階
電話 03-6457-9934　http://dominique-corby.com/

［調理協力］

鈴木利明
神木　亮

調理場1年生からの

ミザンプラス講座

――フランス料理の素材の下処理――

初版発行　2012年3月31日
4版発行　2021年8月10日

著　者　©ドミニク・コルビ
発行者　丸山兼一
発行所　株式会社　柴田書店
〒113-8477
東京都文京区湯島3-26-9　イヤサカビル
電話　営業部　03-5816-8282（注文・問合せ）
書籍編集部 03-5816-8260
URL　https://www.shibatashoten.co.jp
印刷・製本　凸版印刷株式会社

本書収録内容の無断掲載・複写（コピー）・引用・データ配信等の行為は固く禁じます。
乱丁・落丁はお取り替えいたします。

ISBN　978-4-388-06136-5
Printed in Japan